100
DRINKS
die du getrunken haben musst,

BEVOR DU NACH DEM LETZTEN STROHHALM GREIFST

INHALT

Wenn nicht anders angeben, gelten die Rezepte für einen Cocktail.

VORWORT

Wer hat's erfunden? Wer hat's getrunken? Spirituosenhistoriker durchforsten seit Jahrzehnten die Rezeptbücher von Hotelbars und Barkeepern, studieren die Entwicklung von Drinks und Drinkfamilien, beleuchten, welche Zutaten die Barkeeper ab wann in einem Rezept verwendeten, wer das zubereitete Getränk verkostete und wie es zu seinem Namen kam. Bis heute umgibt die vielfältigen Kreationen eine Aura von Glamour. Für den Gast werden sie zum Erlebnis: Sie kommen in unzähligen Kombinationen und Farben daher, immer einzeln frisch zubereitet, nie auf Verdacht vorproduziert. Die Cocktail-Newcomer wollen in die Königsklasse aufsteigen, die echten Klassiker begeistern ihr Publikum seit Jahrhunderten.

Um das Mischgetränk ranken sich viele Mythen und Legenden. Allesamt erdacht, um den unbekannten Schöpfungen einen Hauch des Besonderen zu verleihen und die Neugierde der Genießer zu wecken? Oder doch alles wahr? Geschichten sind wichtig, auf beiden Seiten des Tresens. Hier nun 100 Drinks zum Nippen oder Kippen; ins Gras beißen wir später.

① AMARETTO SOUR

Der weiche, süße Geschmack des Amaretto weckt die Sehnsucht nach Italien, nach »la dolce vita« im sonnigen Süden. In Fellinis gleichnamigem Meisterwerk wurde im Jahr 1960 das sorgenfreie Lebensgefühl der Reichen und Schönen porträtiert, und der noch unbekannte Adriano Celentano brachte die Partygesellschaft in den Caracalla-Thermen in Rom zur Rock-'n'-Roll-Nummer **Ready Teddy** mit seiner federleichten, lässigen Attitüde in Stimmung. Bis heute ist das süße Leben und der kreative Müßiggang Inbegriff der Italo-Coolness.

Der mondäne und erfrischende Amaretto Sour ist der passende Drink dazu – füllig, süß, sauer, bitter. In diesem Cocktail vereint sich die Süße des bernsteinfarbenen Mandellikörs mit dem fein-sauren Geschmack der Zitrone, der Orangensaft bringt Balance ins Spiel. Das deutsche Wort »bitter« verwandelt die italienische Sprache in das wunderbare »amaro«, die ursprüngliche Bezeichnung des Amaretto. Geschmack gefunden an dem Kultgetränk aus Italien hat man über die Landesgrenzen hinaus – around the clock oder 24/7, wie man seit Neuestem sagt.

ZUTATEN
2 cl Amaretto
1 cl Brandy
2 cl Zitronensaft
2 cl Orangensaft
Eiswürfel

GLAS
Sourglas

GARNITUR
Stielkirsche

ZUBEREITUNG
Alle Zutaten im Shaker auf Eiswürfeln kräftig schütteln, ins Glas abseihen und mit der Kirsche garnieren.

2 AMERICANO

Ist der Americano nun eine Hommage an den italienischen Boxer Primo Carnera, der nach einem Sieg in New York 1933 den Spitznamen »der Amerikaner« bekam? Oder erfand Gaspare Campari den Aperitifcocktail bereits in den 1860er-Jahren in seiner Bar in der Nähe des Mailänder Doms? Sein Drink Milano-Torino aus Campari und Wermut soll erst wegen der Beliebtheit bei amerikanischen Touristen in Americano umbenannt worden sein. Egal, Hauptsache, die spritzig-herbe Mischung ist überliefert und wird ungebrochen in aller Welt bis heute gerührt.

Die italienische Marke Campari versteht es, mit extrem populären Cocktails den Absatz ihrer Spirituosen zu garantieren. Jüngstes Beispiel ist der Aperol Spritz. Für echte Kerle wird der neue Platzhirsch jedoch immer nur »Americanos blasser Bruder« bleiben.

ZUTATEN
3 cl roter Wermut
3 cl Campari
gekühltes Sodawasser
Eiswürfel

GLAS
Tumbler

GARNITUR
Orangenscheibe

ZUBEREITUNG
Zuerst den Wermut, anschließend den Campari direkt auf Eiswürfel ins Glas gießen und verrühren. Nach Belieben mit Sodawasser aufgießen – dadurch wird der Cocktail weniger alkoholisch und spritziger. Mit der Orangenscheibe garnieren.

3 ANGEL FACE

Man munkelt, der Angel Face bekam seinen Namen nach dem Gangster Abe Kaminsky, den alle nur »Angel Face« nannten. Während der Prohibition arbeitete der Schläger und Erpresser für die Sugar House Gang. Eine ausgefeilte Taktik war seine Sache nicht: Anstatt auf einen Plan vertraute er auf seine »Überredungs- künste« mit Messer und Pistole und erbeutete so ein schönes Sümmchen Geld.

Genauso einfach gestrickt wie Abe »Angel Face« Kaminsky ist auch der Drink: Er kommt ohne Fruchtsäfte, seltene Alkoholika und jedwede Garnitur aus – und ist genauso durchschlagend wie sein Namensgeber.

ZUTATEN

3 cl Gin
3 cl Apricot Brandy
3 cl Calvados
Eiswürfel

GLAS

Cocktailschale

GARNITUR

keine

ZUBEREITUNG

Alle Zutaten im Shaker auf viel Eis schütteln und anschließend in die vorgekühlte Cocktailschale abseihen.

4 AVIATION

Vergessen Sie, was Sie in den letzten Jahren in der kommerziellen Luftfahrt erlebt haben, und vergessen Sie auch die visionären Pläne für Drohnen oder Lufttaxen! Der Aviation-Cocktail führt uns 100 Jahre zurück in die Historie der Aeronautik, als die Menschen über die ersten »Silbervögel« am Himmel staunten. Der Beginn der Passagierflüge war begleitet von Luxus und Eleganz. Diese Art von Luftfahrt hat diesen Cocktail inspiriert und sein Name liegt auf der Hand. Durch die violette Farbe des Veilchenlikörs erhält er – je nach Menge – eine bläulich-graue oder silbrig-graue Farbschattierung und imitiert so das Blau des Himmels bzw. das Silbergrau der Propellermaschinen. Der enthaltene Gin steht geschmacklich nicht im Vordergrund, sondern verleiht dem Cocktail ein volleres Aroma, das die einzelnen Zutaten balanciert. Bitte einsteigen. Ready for take off. The sky is yours!

ZUTATEN

6 cl Gin
1,5 cl Maraschinolikör
1 cl Crème de Violette (Veilchenlikör)
2 cl Zitronensaft
Eiswürfel

GLAS

Cocktailschale

GARNITUR

Zuckerrand

ZUBEREITUNG

Alle Zutaten im Shaker auf Eiswürfeln schütteln und in die vorgekühlte, mit einem Zuckerrand versehene Cocktailschale abseihen.

5 B52

Die Markenzeichen des B52 sind die effektvolle Präsentation und die drei optisch klar abgegrenzten Schichten von Kaffeelikör, Baileys und Rum. Der legendäre Shooter wird in einem kleinen hitzebeständigen Glas zubereitet, weder geschüttelt noch gerührt, sondern gebaut. Dafür braucht es ein wenig Fingerspitzengefühl, bevor der Rum entzündet werden kann.

Der Drink ist mit Vorsicht zu genießen: Sobald er serviert ist, den Bifi (so wird der Cocktail auch genannt) ausblasen und in einem Schluck kippen, denn das Glas erhitzt sich, je länger man zögert. Alternativ, um Verletzungen zu vermeiden, den Drink mit einem Strohhalm von unten weg einsaugen, gleichfalls möglichst schnell, damit das Ende des Halms nicht zusammenschmilzt oder gar Feuer fängt. Meistens bleibt es nicht bei einem Gläschen – Übung macht den Meister! Hier nun die Bauanleitung.

ZUTATEN
2 cl Kaffeelikör
2 cl Baileys Irish Cream
2 cl hochprozentiger Rum
  (über 70 Vol.-%)

GLAS
hitzebeständiges Shotglas

GARNITUR
keine

ZUBEREITUNG
Die Zutaten in der aufgeführten Reihenfolge langsam über einen Barlöffel in das Shotglas floaten, sodass sie sich nicht vermischen. Den Rum entzünden und den Cocktail mit einem Strohhalm servieren.

Vorsicht: Der Strohhalm darf nicht zu lange in der brennenden Flüssigkeit stecken!

6 BAHAMA MAMA

Wie viele Regionen der Karibik ist die Antilleninsel Jamaika Heimat der Rumproduktion. Klima und Böden sind ideal für den Anbau von Zuckerrohr geeignet, und das Destillat aus Melasse, dem Nebenprodukt der Zuckerherstellung, setzte sich ab dem 17. Jahrhundert durch. Die ersten Ergebnisse waren noch ätzend in der Kehle und englische Matrosen sprachen vom »killdevil«, dem »Teufelsmörder«. Heutige Rum-Genießer schwören auf den Hochprozentigen aus Jamaika. Er punktet mit blumigen und fruchtigen Aromen und gibt einer Bahama Mama ihren unverwechselbaren Geschmack. Zwei Lager haben sich um den Drink gebildet: diejenigen, die ihre Mama mit Kaffeelikör trinken, und diejenigen, die es partout nicht tun. Die erste Variante ist älter, die zweite betont die fruchtige Note. Dr. Kelso aus der beliebten Krankenhaus-Comedy-Serie **Scrubs** ist dem tropischen Cocktail auf den Bahamas verfallen, sitzt an der Bar und trinkt und trinkt und trinkt: »Einen Bahama Mama, bitte … und jetzt brauche ich zwei Mamas …« Der vitalisierende Mix soll das Geheimrezept einer bahamaischen Großmutter sein, die ihn ihren Enkeln zur Stärkung gab. Mamas für alle!

ZUTATEN

2 cl Jamaika-Rum
1 cl hochprozentiger Rum
    (über 70 Vol.-%)
2 cl Kaffeelikör
2 cl Kokoslikör
8 cl Ananassaft
2 cl Zitronensaft
Eiswürfel

GLAS

Longdrinkglas/Tiki-Becher

GARNITUR

Ananasstück/
Orangen-
scheibe

ZUBEREITUNG

Alle Zutaten im Shaker auf Eiswürfeln kräftig schütteln, ins Glas auf Eiswürfel abseihen und mit dem Ananasstück, oder Orangenscheibe und einem Strohhalm garnieren.

⑦ BARRACUDA

Was darf bei den Seefahrern nicht fehlen? Natürlich, Rum. »Fünfzehn Mann auf des Toten Kiste, johoho, und 'ne Buddel voll Rum!« Dieses ruchlose Schifferlied singt der Käpt'n unzählige Male in Stevensons Abenteuerroman **Die Schatzinsel.** Doch der ungereifte, herbe Rum war Geschichte, als der Katalane Don Facundo Bacardí Masso in seiner ersten Rumdestillerie in der Stadt Santiago de Cuba mit Pflanzenkohle und verschiedenen Hefetypen experimentierte, um den Alterungsprozess zu beeinflussen und die Qualität zu steigern. Der Goldrum oder Bernsteinrum war das Ergebnis. Dieser inspirierte »il barmann sull'oceano« Benito Cuppari in den 1960er-Jahren zum Barracuda. Der »Herr der sieben Meeresbars«, für die er auf der MS Michelangelo verantwortlich war, fügte dem Schaumweindrink eine leichte Galliano-Note hinzu. Fertig! Eben ein toller Hecht!

ZUTATEN

4,5 cl Rum
1,5 cl Galliano
6 cl Ananassaft
1 Dash Limettensaft
gut gekühlter Champagner oder
    Prosecco
zerstoßenes Eis

GLAS

Champagnerflöte/ausgehöhlte Ananas

GARNITUR

Ananasstück

ZUBEREITUNG

Alle Zutaten bis auf den Champagner oder Prosecco mit zerstoßenem Eis in den Shaker geben, gut schütteln und ins Glas abseihen. Anschließend mit Champagner oder Prosecco auffüllen und mit dem Ananasstück garnieren. Traditionell wird der Cocktail in einer ausgehöhlten Ananas serviert.

8 BATIDA DE CÔCO

Die fröhlichste Stadt der Welt: Rio de Janeiro. Der Strand der Strände: Copacabana. Die heißeste Party: Karneval in Rio. Viel Samba, viel Glitzer, viel nackte Haut, da braucht es spezielle Drinks, um den Durst zu stillen: Caipirinhas – dazu einige Seiten weiter mehr – und Batidas.

Im Heimatland Brasilien liebt man das Mixgetränk Batida in allen Varianten. Bananen, Maracujas, Limetten, Orangen oder Zitronen, alle südamerikanischen Früchte werden zur Herstellung der Fruchtcocktails verwendet. Dominiert der Eigengeschmack der Früchte manche Variante, vermischt sich dagegen im Batida de Côco die milchige Süße der Kokosnuss harmonisch mit dem leicht brennenden Zuckerrohrschnaps. Der Cachaça unterscheidet sich je nach der Qualität des verwendeten Zuckerrohrs erheblich. Idealerweise genießt man ihn am Ursprungsort. Oi, Brasil!

ZUTATEN

5 cl Cachaça
6 cl Kokoswasser
3 cl gezuckerte Kondensmilch
zerstoßenes Eis

GLAS

Tumbler/Hurricaneglas

GARNITUR

Ananasstück, Cocktailkirsche

ZUBEREITUNG

Alle Zutaten im Shaker mit zerstoßenem Eis kräftig schütteln, dann ins vorgekühlte Glas auf zerstoßenes Eis abseihen. Mit Ananasstück und Cocktailkirsche garnieren.

⑨ BEETROOT BASHER

Was den Schotten ihr Whisky, ist den Skandinaviern ihr Aquavit, das »Wasser des Lebens«. Vorzugsweise wird der Kümmelschnaps aus langstieligen gekühlten Schnapsgläsern getrunken, vor, nach oder zu jeder beliebigen Mahlzeit. Beim traditionellen Krebsessen Ende August pflegt so mancher Schwede den Brauch, nach jeder Krebsschere einen Aquavit zu trinken – wobei 15 bis 20 verzehrte Krebse der Durchschnitt sind!

Verständlicherweise stammt der Beetroot Basher also aus dem hohen Norden. Einer der wenigen Longdrinks mit Aquavit. Können Sie sich's vorstellen? Rote Bete und Kümmelschnaps als Bargetränk? »Eine Bar ist kein Fruchtstand«, erklingt sogleich das Mantra der Barkeeper. Aber vielleicht ein Gemüsestand?

Diese funky Mischung aus Kopenhagen hat noch etwas Überzeugungsarbeit vor sich. Springen Sie über Ihre Geschmacksvorurteile und versuchen Sie es: Ein gesünderes Getränk werden Sie im Nachtleben von Kopenhagen schwer finden!

ZUTATEN

6 cl Aquavit
1 Prise Selleriesalz
2 cl Zitronensaft
1 Barlöffel Zuckersirup
3 cl Ginger Beer
3 cl Rote-Bete-Saft
Eiswürfel

GLAS

Longdrinkglas

GARNITUR

Dillzweig, Ingwerscheibe,
Rote-Bete-Scheibe

ZUBEREITUNG

Alle Zutaten direkt auf Eiswürfeln ins Glas geben und mit dem Dillzweig, dem Ingwer und der Roten Bete garnieren.

10 BELLA BELLINI

Nachahmen und vortäuschen, das ist das Programm, das die Mocktails fahren. Es sind die alkoholfreien Entsprechungen, die Virgin- oder Babyversionen der bekannten alkoholhaltigen Cocktails, und sie sind optisch oft nicht vom Original zu unterscheiden. »To mock« (vortäuschen) und »Cocktail« ergaben die Wortneuschöpfung »Mocktail«. Ob man es nüchtern witzig findet, den Sex on the Beach zu einem Safer Sex on the Beach zu machen, sei dahingestellt. Für andere Drinks gab es kreativere Namensfindungen: Caipirinha mit Cachaça, Ipanema ohne Cachaça. Immer mehr Partypeople sind von den Kreationen ohne berauschende Wirkung überzeugt – bahnt sich eine alkoholfreie Revolution an? Viele Barsirups wurden ersonnen, die eine Geschmacksalternative zu Likören und sogar einigen Spirituosen sind. Zusammen mit den neuen Sodas, Tonics, Spicy Ginger Beers und Ähnlichem sind interessante Alternativen an den Start gegangen. Die Platzhirsche müssen jetzt mal ein bisschen zusammenrücken und die Virgin Coladas, die Mockmosas, die Nojitos und die Juicy Juleps in ihre Reihen aufnehmen. Seid bereit für das Bella-Bellini-Rezept!

ZUTATEN
1 TL weißes Pfirsichpüree
1 cl Zitronensaft
4 cl gekühltes Mineralwasser
4 cl weißer Traubensaft

GLAS
Champagnerflöte

GARNITUR
Pfirsichspalte

ZUBEREITUNG
Das Püree und den Zitronensaft ins Glas geben, dann langsam das Mineralwasser und den Traubensaft dazugießen. Alles vorsichtig verrühren und mit der Pfirsichspalte garnieren.

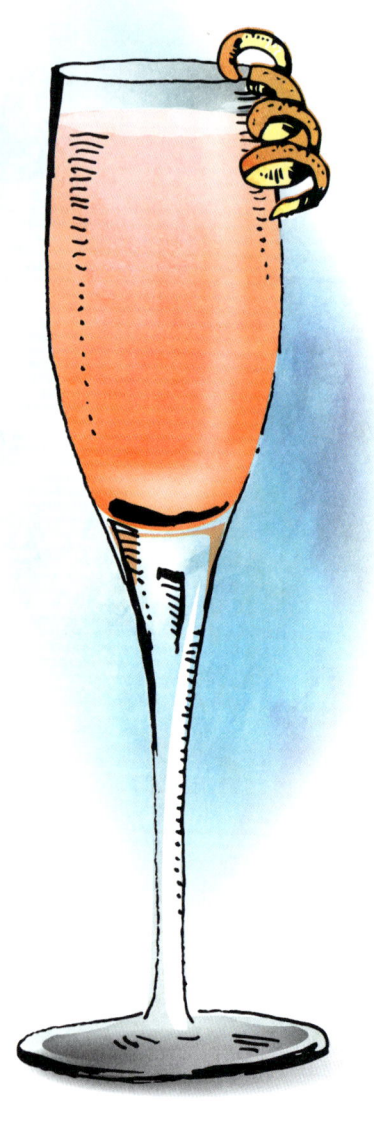

⊛ 11 BELLINI

In Harry's Bar in Venedig, direkt am Canal Grande, erfand der Besitzer Guiseppe Cipriani 1948 den heute berühmten Bellini-Cocktail, seine Hommage an den großen venezianischen Renaissancemaler Giovanni Bellini. Die natürliche Zutat, der Pfirsich, ist ein Symbol der Unsterblichkeit. Holz und Farbe des Baumes sowie die Blütenblätter inspirierten Maler, Dichter und Komponisten zu ihren schönsten Werken.

Auf dem Hügelland rund um die Lagunenstadt werden die weißen Pfirsiche handverlesen, sobald sie die maximale Konzentration von Aroma und Zucker haben. Die Sommerfrucht braucht für die perfekte Reifung von Juni bis September. Dies ist auch die ideale Zeit, um den Bellini zu genießen. Das Mischverhältnis beträgt ein Viertel Pfirsichpüree, drei Viertel Prosecco oder Champagner.

ZUTATEN

3 cl weißes Pfirsichpüree
12 cl gut gekühlter Prosecco oder
    Champagner

GLAS

Champagnerkelch

GARNITUR

Zitronenzeste

ZUBEREITUNG

Das Fruchtpüree ins Glas geben, mit Prosecco oder Champagner aufgießen und mit einem langen Löffel vorsichtig verrühren. Mit der Zitronenzeste garnieren.

VARIANTEN

Abwandlungen sind der Puccini mit frischem Mandarinensaft, der Rossini mit Erdbeeren, der Tintoretto mit Granatapfelsaft und der Tizian mit rotem Traubensaft.

(12) BLOOD AND SAND

Gerade die amerikanischen Cocktailklassiker wurden häufig nach berühmten Filmen, Broadway-Theaterstücken oder den darin agierenden Schauspielern benannt. So ist der erfolgreiche Schwarz-Weiß-Stummfilm **Blood and Sand** (deutscher Titel: **König der Toreros**) aus den 1930er-Jahren der Namenspatron eines erstaunlichen Cocktails geworden. Frisch, saftig, geschmacklich abgerundet und nuanciert, weist er je nachdem, welcher Scotch verwendet wird, eine rauchige oder leichte Note auf. Außer Whisky besteht der Drink zu gleichen Teilen aus Kirschweinbrand (das Blut), süßem Wermut und Orangensaft (der Sand).

Der Barkeeper Dale DeGroff kommentierte den Cocktail in seinem Standardwerk **The Craft of the Cocktail** mit folgenden Worten: »Auf den ersten Blick schien dieser ungewöhnliche Cocktail eine scheußliche Mischung zu sein. Aber mit der Zeit bemerkte ich, dass das Rezept in einigen seriösen Cocktailbüchern auftauchte, und probierte es schließlich. Der Geschmack überzeugte mich, nie wieder über einen Drink zu urteilen, ohne ihn probiert zu haben.« Dale, wir sind ganz bei dir.

ZUTATEN
2 cl Scotch Whisky
2 cl Cherry Brandy
2 cl roter Wermut
2 cl Orangensaft
Eiswürfel

GLAS
Cocktailschale

GARNITUR
Orangenzeste, Cocktailkirsche

ZUBEREITUNG
Alle Zutaten im Shaker auf Eiswürfeln schütteln, in die vorgekühlte Cocktailschale abseihen und mit Orangenzeste und Cocktailkirsche garnieren.

13 BLOODY MARY

Bloody Mary forever! Der amerikanische Klassiker aus Wodka und Tomatensaft ist auf der ganzen Welt bekannt. In den Vereinigten Staaten steht der 1. Januar sogar ganz im Zeichen des sogenannten National Bloody Mary Day. Der Sinn dahinter liegt auf der Hand: Der Welttag dient der Wiederbelebung und dem Vergessen. Das Katergetränk, ein sogenannter Pick-me-up-Cocktail, wird in seiner ursprünglichen Rezeptur mit einem ausgeglichenen Verhältnis von Alkohol und Saft gemischt und in der Regel mit einer Selleriestange garniert.

Die tiefrote Bloody Mary symbolisiert die blutige Schreckensherrschaft von Maria I., die England wieder katholisch machen wollte. Entsprechend dazu die alkoholfreie Variante Virgin Mary. Nicht zu verwechseln mit Virgin Queen, dem Beinamen von Elisabeth I. – ihrer Halbschwester und protestantischen Nachfolgerin.

ZUTATEN
6 cl Wodka
12 cl Tomatensaft

GLAS
Longdrinkglas

GARNITUR
Stangensellerie

ZUBEREITUNG
Den Wodka und den Tomatensaft im Glas gut verrühren und mit dem Stangenselleriestück garnieren.
Nach Geschmack kann der Cocktail mit schwarzem Pfeffer, (Sellerie-)Salz, Tabasco, Worcestersauce oder frischem Meerrettich verschärft werden.

14 BLUE BLAZER

Schon zu Shakespeares Zeiten wurde das Abbrennen von Alkohol zur Herstellung von warmen Mischgetränken angewandt. Der erste reisende Barkeeper, Jerry Thomas, war berüchtigt für seine Technik, brennenden Alkohol kunstvoll in der Luft zwischen zwei Metallbechern hin- und herzuschütten. Animiert haben soll ihn dazu ein Goldgräber, der in seine Bar kam und nach einem Drink verlangte, welcher das Höllenfeuer in ihm ausbrechen ließe. Das Rezept für sein »Spiel mit dem Feuer« veröffentlichte Thomas vor über 150 Jahren – die Rede ist vom blau züngelnden, bernsteinfarbenen Cocktail namens Blue Blazer. Die Zutaten – Whisky, Wasser, Zucker und Zitrone – sind schlicht, doch die Zeremonie der Zubereitung ist ein wahrer Eyecatcher. Aber aufgepasst: Nur mit größter Vorsicht zur Tat schreiten! Es besteht die Gefahr, sich zu verbrennen oder das Zimmer in Brand zu stecken!

ZUTATEN
6 cl Scotch Whisky
6 cl heißes Wasser
1 TL Zucker

GLAS
Tumbler/Cocktailschale

GARNITUR
Zitronenzeste

ZUBEREITUNG
Alle Zutaten in einen Metallkrug füllen und in Brand setzen. Einen zweiten Metallkrug nehmen und die Flüssigkeit vier- bis fünfmal im hohen Bogen zwischen den Krügen hin- und herschütten, sodass ein Feuerstrahl entsteht. Die Flüssigkeit löschen, ins Glas füllen und mit der Zitronenzeste garnieren.

⑮ BLUESECCO

Völlig egal, ob Prosecco, Sekt, Champagner, Cava oder Crémant, beim Bluesecco entsteht der Wow-Effekt vor dem ersten Schluck: ein wenig Trockeneis in den Drink, und schon beginnt dieser zu rauchen. Das Eis gibt es in winzigen Pellets; legt man eines ins Glas und gießt eine Flüssigkeit dazu, beginnt die Reaktion. Man kann gefahrlos kosten und einen außergewöhnlichen Genussmoment erleben. Eine simple Idee, aber ein erster Schritt auf dem Weg zum molekularen Cocktail.

Was vor etwa 25 Jahren bei den Pionieren der molekularen Küche begann, setzte sich in der Präsentation von Cocktails fort. Die Techniken sorgen für Begeisterung beim Publikum: Espumas sind Schaumkronen, die on the top gesetzt werden, mit Riboflavin (einem B-Vitamin) kann man Flüssigkeit zum Leuchten bringen, Liquid Drops sind runde winzige Kapseln aus Sirup oder Likör, die im Mund zerplatzen, und mithilfe der Gelifikation können Gelees aus ganzen Würfeln aufeinander geschichtet werden. Bringt Drinks zum Rauchen und Augen zum Leuchten!

ZUTATEN

1 cl Wodka
1 cl Blue Curaçao
1 Dash Zitronensaft
gut gekühlter Prosecco
Trockeneis

GLAS

Martiniglas

GARNITUR

keine

ZUBEREITUNG

Etwas Trockeneis ins Glas legen und alle Zutaten bis auf den Prosecco darübergießen. Mit Prosecco auffüllen.

16 BRAMBLE

Der Bramble ist ein beerig-säuerlicher Cocktail aus der jüngeren Bargeschichte. Kreiert wurde er 1984 vom britischen Barkeeper Dick Bradsell im Fred's Club in London. Inspiriert zur dunkellila Brombeere wurde der Bartender, als ein Importeur von Likören darauf bestand, dass Bradsell seinen Brombeerlikör probieren müsse, und dieser wie in Marcel Prousts **Auf der Suche nach der verlorenen Zeit** eine Kindheitserinnerung hatte: »Immediately, I had my madeleine moment.« Bradsell hatte die frischen Früchte als Kind auf der Isle of Wight gerne genascht.

Er selbst sagte, dass der Bramble seine Version eines Singapore Sling sei: Gin, Zitrone und Zucker in einem kleineren Glas serviert und mit Crème de Mûre verfeinert. Dieser fruchtige Gin-Cocktail ist der Beweis dafür, dass man das Rad nicht neu erfinden muss, um bleibenden Eindruck zu hinterlassen. Von England aus eroberte der Drink die Bars der Welt. Der international erfahrene Barexperte Angus Winchester hat ihn sogar zu einem der sieben Cocktailweltwunder geadelt.

ZUTATEN
5 cl Gin
2 cl Zitronensaft
1 cl Zuckersirup
1 cl Crème de Mûre (Brombeerlikör)
Eiswürfel
zerstoßenes Eis

GLAS
Old-Fashioned-Glas

GARNITUR
Zitronenscheibe,
Brombeeren

ZUBEREITUNG
Alle Zutaten bis auf den Likör im Shaker auf Eiswürfeln schütteln, in das mit zerstoßenem Eis gefüllte Glas abseihen und den Brombeerlikör floaten. Mit der Zitronenscheibe und den Brombeeren garnieren.

17 BRONX

Der Ursprung des Drinks ist ebenso umstritten wie bei vielen anderen Cocktailkreationen, und doch gibt es eine einleuchtende Herleitung. Johnnie Solon, Barmann im Waldorf Astoria, wurde von Gästen aufgefordert, etwas Neues zu servieren, und musste spontan loslegen. Einige Tage zuvor hatte der spanisch-amerikanische Kriegsveteran Solon den Bronx Zoo besucht und viele seltsame Bestien gesehen. In der Annahme, seine Kunden werden nach zu vielen Drinks ebensolche Bestien sehen, taufte er seinen neu kreierten Gin-Cocktail daher auf den Namen Bronx. Volltreffer: einfach und sehr, sehr erfrischend. David Wondrich, seines Zeichens Cocktailhistoriker, vermutet, dass der Ausflug an einem schönen, warmen Sommertag in den freien Mittagsstunden des Barmeisters stattfand, weshalb der Cocktail ein wunderbarer »midday swelter-tamer«, ein »Hitzebändiger«, wurde. Ein sanfter Drink, der nicht mit seinem starken Stadtteil-Bruder Manhattan konkurrieren muss.

ZUTATEN

4 cl Gin
2 cl trockener Wermut
2 cl roter Wermut
4 cl Orangensaft
Eiswürfel

GLAS

Cocktailglas

GARNITUR

Orangenscheibe

ZUBEREITUNG

Alle Zutaten im Shaker auf Eiswürfeln schütteln, ins Glas abseihen und mit der Orangenscheibe garnieren.

18 BROOKLYN LAMP

Der Markt will Neues! Erst Whisky aus Schliersee, plötzlich Gin aus dem Bayerischen Wald, dann schwäbischen Kartoffelwodka. Und wohin jetzt mit dem treuen Gefährten »Willi«, mit dem die halbe Nation all die Jahre auf Du und Du stand?

Geerntetes Obst durch Destillation zu konservieren, begann man in den Klöstern bereits im 12. Jahrhundert, später wurde diese Methode in vielen ländlichen Gebieten fortgeführt. Der feine Brand aus der Williams-Christ-Birne ist heute das Leuchtturmprodukt, der Vorzeigeschnaps jeder renommierten Brennerei. Wohlgemerkt herrscht am Fuße des Leuchtturms aber Dunkelheit, wie ein japanisches Sprichwort besagt. Wenigstens in Frankfurt am Main hat einer die Finsternis mit dem erhellenden Licht der Brooklyn Lamp zu vertreiben versucht, sich ein Herz genommen und den Willi zum idealen Partner in seiner Cocktailkreation erwählt. Christoph W. Perner (ehemals Pinke Bar, Frankfurt) würde sicher nicht widersprechen, dass man sich mit diesem Cocktail ordentlich einen auf die Lampe gießen kann.

ZUTATEN

4 cl Williamsbrand
2 cl Zitronensaft
2 cl Rosensirup
2 Dashes Grapefruit Bitter
Eiswürfel

GLAS

Martiniglas

GARNITUR

keine

ZUBEREITUNG

Alle Zutaten im Shaker auf Eiswürfeln schütteln und ins gekühlte Glas abseihen.

19 CAIPIRINHA

Man nehme Cachaça, Zucker, Limetten und Eis, fertig ist die welt-
bekannte Caipirinha – brasilianisches Lebensgefühl pur. Auf sage
und schreibe 4000 Cachaça-Marken kann man im Heimatland der
Zuckerrohrspirituose zurückgreifen. Gefertigt wird der »Bruder des
Rums« in der Cachaça-Region Minas Gerais. Der Name des Cocktails
leitet sich von den Bewohnern dieses Landstrichs ab, die man als
Caipira bezeichnet. Heute verwendet man den Ausdruck oft ab-
wertend für Hinterwäldler und Landeier. Macht einen der Caipi zum
Hillbilly? Da klingt die poetische Übersetzung »Unschuld vom Lande«
geschmeidiger.
Hinter der Originalversion des populären Getränks bleibt die Aus-
führung hierzulande mit häufig industriell gefertigter Basisspirituose
leider um Längen zurück. Die Brasilianer trinken 850 Millionen Liter
Cachaça alljährlich. Vielleicht doch mal beim Karneval in Rio vorbei-
schauen und das Original probieren?

ZUTATEN

1 unbehandelte Limette
2 Barlöffel Zucker
5 cl Cachaça
Eiswürfel

GLAS

Tumbler

GARNITUR

keine

ZUBEREITUNG

Die Limette in Spalten schneiden, mit dem Zucker im Glas andrücken und
für ein paar Minuten ziehen lassen. Den Cachaça sowie einige Eiswürfel dazugeben und vorsichtig umrühren.

20 CAMPARI SODA

Wie stilvoll Einfachheit sein kann, beweist der Campari Soda: erfrischend, durstlöschend und so italienisch. Er wird in der kleinen kegelförmigen Flasche fertig gemischt angeboten. Von Fortunato Depero 1932 entworfen, sind die Fläschchen inzwischen begehrte Sammelobjekte.

Ob mit Soda, Tonic, Orangensaft oder Prosecco gemischt, der italienische Campari ist ein Bitter und wird selten pur getrunken. Die Rezeptur des roten Getränks ist komplex und schon immer ein wohlgehütetes Geheimnis. Manche Zutaten sind bekannt, andere werden nur vermutet: Kräuter, Kaskarillabaumrinde, Rhabarber, Grapefruit, Ginseng, Chinotto oder doch Mandarine? Ach ja, und da ist noch die Sache mit den Käfern. 2006 hat sich Campari dazu entschieden, den aus zerstoßenen Schildläusen gewonnenen Farbstoff Karmin nicht mehr zu verwenden und ihn durch synthetischen Farbstoff zu ersetzen. Also keine tierischen Inhaltsstoffe mehr im rubinroten, bittersüßen Getränk. Ganz im Gegensatz zu vielen Lippenstiften, deren Farbe noch aus den Käfern gewonnen wird. Also Vorsicht, Männer, beim Küssen einer bella donna!

ZUTATEN
2 cl Campari
8 cl gekühltes Sodawasser
Eiswürfel

GLAS
Tumbler

GARNITUR
keine

ZUBEREITUNG
Den Campari in das mit Eiswürfeln gefüllte Glas geben und mit dem Sodawasser auffüllen.

21 CHARLIE CHAPLIN

Der kleine Mann mit dem Schnurrbart – wer kennt ihn nicht? Charlie Chaplin zählt unbestreitbar zu den einflussreichsten Schauspielern und Komikern seiner Zeit. Bekannt vor allem als Komödiant in zahlreichen Filmen wie **Der große Diktator** und **Moderne Zeiten,** komponierte er zudem Musik, schrieb Drehbücher und führte Regie bei den meisten seiner Filme. Oscar- und Literaturnobelpreisträger George Bernard Shaw soll sogar gesagt haben, er sei »das einzige Genie, das die Filmindustrie jemals hervorgebracht hat«. Zeit seines Lebens prägte Chaplin die Filmindustrie und wird immer noch für seine sozialkritischen Filme gefeiert, die auch vor politischen Themen nicht Halt machten.

Kein Wunder also, dass dieser Ikone ein Cocktail gewidmet wurde – auf dem Höhepunkt seines Ruhmes setzte das Waldorf Astoria Hotel den »Charlie Chaplin« auf seine Getränkekarte. Sloe Gin als Hauptzutat des Getränks macht es zu einem süßen Cocktail.

ZUTATEN
4 cl Sloe Gin
1 cl Apricot Brandy
1 cl Zitronensaft
Eiswürfel

GLAS
Cocktailschale/Martiniglas

GARNITUR
Zitronenzeste/½ Zitronenscheibe

ZUBEREITUNG
Alle Zutaten im Shaker auf Eiswürfeln kräftig schütteln. In das Glas abseihen und mit der Zitronenzeste oder -scheibe garnieren.

22 COCO LOCO

Die Bucht von Acapulco ist ein kleines Paradies: goldener Sand, umgeben von Palmen, und 25 Grad warmes, türkis schimmerndes Wasser. An der Pazifikküste Mexikos ist sie der Tummelplatz der Reichen und Schönen, Hotspot der mutigen Klippenspringer und Entstehungsort eines Drinks, der sich die Kokospalme zunutze macht. Die bis zu 2,5 kg schweren Kokosnüsse müssen ständig geerntet werden, damit niemand von herabfallenden Früchten erschlagen wird. Und weil keiner immer nur Kokosfleisch essen will, hat man einen Drink kreiert: Coco Loco, die verrückte Kokosnuss. Ob in der Hängematte unter Palmen oder beim Sundowner mit Blick auf die spektakuläre Vorstellung der Felsenspringer: Der kühle Drink wird Wirkung zeigen.

ZUTATEN

3 cl Tequila
3 cl weißer Rum
3 cl Wodka
6 cl Kokoswasser
1 cl Kokosnusscreme
3 cl Zitronensaft
Eiswürfel

GLAS

Hurricaneglas/ausgehöhlte Kokosnuss

GARNITUR

Kirsche, Zitronenscheibe

ZUBEREITUNG

Alle Zutaten im Shaker auf Eiswürfeln kräftig schütteln, ins Glas abseihen und mit der Kirsche und der Zitronenscheibe garnieren.
In Mexiko serviert man den Cocktail in einer ausgehöhlten frischen Kokosnuss.

23 CORPSE REVIVER NO 1, NO 2 UND NO 3

Wenn Sie diese Cocktails brauchen, ist wohl nicht die Zeit für ausführliche Geschichten. Machen wir es kurz. Eine eigenständige Cocktail-Gattung waren die Revivers oder Morning Drinks, die helfen sollten, in den Tag zu finden. Hatten einen die Drinks des Abends zuvor fast unter die Erde gebracht, fing man mit dem wieder an, womit man aufgehört hatte. Langfristig hat es sich nicht bewährt. Vielleicht ein Gläschen Wasser dazu?

ZUTATEN NO 1
2 cl Brandy
2 cl roter Wermut
2 cl Calvados
Eiswürfel

ZUTATEN NO 2
2 cl Gin
2 cl Lillet Blanc
2 cl Cointreau
2 cl Zitronensaft
Eiswürfel

ZUTATEN NO 3
2 cl Brandy
2 cl Fernet-Branca
2 cl Crème de Menthe Blanche
Eiswürfel

GLAS
Cocktailschale

GARNITUR
keine

ZUBEREITUNG
Alle Zutaten im Barglas auf Eiswürfeln verrühren und durch den Strainer ins vorgekühlte Glas abseihen.

24 COSMOPOLITAN

Der Cosmopolitan ist der Hit der späten 1990er-Jahre und behauptet seine Top-Platzierung an den Bars seit nunmehr 30 Jahren. Herrlich pink erschien der Cosmo in der Kultserie **Sex and the City** auf den Bildschirmen und ist seither erste Wahl bei der stilbewussten weiblichen Bevölkerung. Kreiert wurde er 1985 in South Beach Miami von Cheryl Cook, die ihm durch die Zutat Cranberrysaft die verrückte Farbe verpasste. Der Cosmopolitan reiht sich zweifelsohne ein in die Hall of Fame der Cocktails. Ein Drink mit Weltruhm! »**Sex and the City**«-Star Sarah Jessica Parker indes reagiert heute weit weniger enthusiastisch auf den Cosmo: »Wenn mir dieser Drink irgendwo spendiert wird, denke ich jedes Mal: Zu Hause würde ich damit das Bad putzen.«

ZUTATEN
5 cl Wodka mit Zitronenaroma
1 cl Triple Sec
1 cl Limetten- oder Zitronensaft
2 cl Cranberrysaft
Eiswürfel

GLAS
Martiniglas

GARNITUR
Zitronen-/Limettenscheibe

ZUBEREITUNG
Alle Zutaten im Shaker auf Eiswürfeln kräftig schütteln, in das vorgekühlte Glas abseihen und mit der Zitronen- oder Limettenscheibe garnieren.

25 CUBA LIBRE

Der große amerikanische Schriftsteller Ernest Hemingway hat den Rumklassiker Cuba Libre im Roman **Haben und Nichthaben** in ein eher zweifelhaftes Licht gerückt:

Freddy: »What will you have?« / Harry: »What's the lady drinking?« / F.: »A Cuba Libre.« / H.: »Then give me a straight whiskey.«

Handelte es sich bei der rasanten Verbreitung dieses mit Cola verdünnten Daiquiri weniger um die Begeisterung für den Geschmack als um einen Marketingclou? Ab dem Jahre 1898 kamen zahlreiche Amerikaner in das von der spanischen Herrschaft unabhängige Kuba und brachten ein neues Getränk mit: Coca-Cola. Es wurde zu den lokalen Favoriten Rum und Limette gemischt und mit dem Trinkspruch »¡Por Cuba libre!« angeboten. Wer konnte da ablehnen? Über die Bezeichnung Cuba Libre schütteln Exilkubaner verständnislos den Kopf, trinken aber gerne das Mischgetränk und nennen es Mentirita – auf Deutsch »Kleine Lüge«.

ZUTATEN
½ unbehandelte Limette
5 cl weißer Rum
12 cl Cola
Eiswürfel

GLAS
Longdrinkglas

GARNITUR
keine

ZUBEREITUNG
Die Limettenhälfte in Stücke schneiden, in das mit Eiswürfeln gefüllte Glas ausdrücken und die Stücke hineingeben. Den Rum darübergießen, mit Cola auffüllen und umrühren.

26 DAIQUIRI

Wer letztendlich der genialen Mischung aus Rum, Zucker und Limette den Namen Daiquiri gab, darüber scheiden sich die Geister; dass der Drink in Kuba erfunden wurde, legt das namensgleiche kubanische Dorf Daiquirí nahe. Der Rum-Klassiker gilt als der Lieblingsdrink von Ernest Hemingway und John F. Kennedy. Der ewig dürstende amerikanische Schriftsteller trank ihn mit Vorliebe in der Bar El Floridita in Havanna, der unvergessene JFK im Weißen Haus. Beide verhalfen dem Daiquiri zu seinem Weltruhm.
Neben der klassischen Variante ist der Strawberry Daiquiri besonders beliebt, gerne auch frozen. Den kreativen Mischungen mit tropischen Früchten oder Basilikumblättern sind praktisch keine Grenzen gesetzt.

ZUTATEN
4,5 cl weißer Rum
2,5 cl Limettensaft
1,5 cl Zuckersirup

GLAS
Cocktailschale

GARNITUR
Limettenzeste

ZUBEREITUNG
Alle Zutaten im Shaker schütteln, in die Cocktailschale abseihen und mit der Limettenzeste garnieren.

27 DIAMOND

Wer sich den Diamond gönnt, kann sich den Weg zum Juwelier sparen. Dieser Cocktail wird mit einem Ein-Karat-Diamanten serviert, der manchmal an einem Kettchen befestigt auf dem Grund des Swarovski-Kristallglases funkelt, umspült von feinstem Cognac und Champagner. Ihn selber zu machen, ist in diesem Fall eher unsexy, deswegen empfiehlt es sich, die Umsetzung der Theorie in die Praxis den Profis zu überlassen.

In der Hotelbar des Ritz-Carlton, Tokyo, im 45. Stock des Tokyo Tower mit Blick auf die Stadt und den heiligen Berg Fuji wird der Cocktail als »Diamonds are Forever«-Martini zubereitet, mit Grey Goose Wodka und Limettensaft. Hier spielt immerhin noch eine Liveband **Diamonds are forever** von Shirley Bassey, während man ihn genießen darf. Dieses herrlich dekadente Ereignis sollte einem schon die 1,8 Millionen Yen (etwa 15 000 Euro) wert sein, ist doch sonst nichts für die Ewigkeit.

DOG'S NOSE

»Natürlich kann man ohne Hund leben, es lohnt sich nur nicht.« Der Schauspieler Heinz Rühmann formulierte diese Erkenntnis zuerst, bevor sie Loriot auf den Mops ummünzte. Den ausgeprägten Geruchssinn des Hundes machte man sich früh zunutze. Vom Hunger getrieben, erforderte die Jagd ein kooperatives Vorgehen zwischen Mensch und Tier. Welche Rasse zu wem passte, war eine Frage der gesellschaftlichen Stellung. Heute ist der Hund bester Freund und vor allem: Statussymbol. In der Selbstverliebtheit des Social Networking dreht sich mittlerweile alles um Geschmacksfragen und da ist so ziemlich alles erlaubt.

Bier mit Gin zum Beispiel. Gibt es Sonderbareres? In **Pickwick Papers**, dem ersten Roman von Charles Dickens 1836, völlig normal: »,Hundenase', ein Getränk, das den Nachforschungen des Komitees zufolge aus warmem Porter, Farinzucker, Wacholderbranntwein und Muskatnuss besteht.« Nicht mit der Zunge schlabbern!

ZUTATEN

4 cl Gin
15 cl Schwarzbier (z. B. englisches Porter)
Eiswürfel

GLAS

Longdrinkglas/Cocktailschale

GARNITUR

geriebene Muskatnuss

ZUBEREITUNG

Den Gin im Barglas mit Eiswürfeln verrühren. Durch den Strainer ins Longdrinkglas abseihen, mit dem Schwarzbier auffüllen und etwas Muskatnuss darüberreiben.

29 EARL GREY MARTEANI

Wenn Sie dachten, die Quelle für neue Martini-Cocktailkreationen sei versiegt – denn was soll noch kommen nach Dirty Martini, Gibson, Tuxedo, Vesper, Saketini, Vodkatini und so weiter und so weiter –, dann Augen auf für den Earl Grey MarTEAni von Audrey Saunders, Besitzerin des Pegu Club in New York City. Den ersten Versuch startete sie mit einem Earl-Grey-Schaum. »Es sah cool aus und war absolut köstlich, bis der Schaum sich auflöste und der Cocktail einem geschmolzenen Eisbecher glich.« Schließlich goss Saunders den Tee in den Gin. Voilà!

Die Verbindung aus Gin und Tee liegt definitiv im Trend, die verschiedenen Teablends geben dem Gin zusätzliches Aroma und erhöhen die Komplexität des Cocktails. Die amerikanische Bartenderin ist bekannt für die Schaffung neuer Cocktails, die nicht nur aus traditionellen Bestandteilen bestehen. Das Getränk ist überraschend erfrischend.

ZUTATEN

1 TL Earl-Grey-Teeblätter
5 cl Gin
2,5 cl Zitronensaft
2,5 cl Zuckersirup
1,5 cl Eiweiß
Eiswürfel

GLAS

Martiniglas

GARNITUR

Zitronenzeste

ZUBEREITUNG

Die Earl-Grey-Teeblätter im Gin ziehen lassen, bis sich eine dunkle Farbe entwickelt. (Die Ziehzeit hängt vom Tee und dem Alkoholgehalt des Gins ab.) Die Gin-Infusion mit dem Zitronensaft, dem Sirup und dem Eiweiß im Shaker auf Eiswürfeln kräftig schütteln, ins vorgekühlte Glas abseihen und mit der Zitronenzeste garnieren.

30 EGGNOG

Wenn Weihnachten vor der Tür steht, ist dieser Cocktail das Getränk der Wahl für Amerikaner und Amerika-Fans und wird dann, wie ursprünglich erdacht, gleich in größerer Menge für eine Gruppe hergestellt. Es ist eine bekannte Tradition der Cocktailnation, die in Europa nur in wenigen Bars zu finden ist, doch ab und an saisonal angeboten wird. Aus »egg and grog« entwickelte sich irgendwann »egg'n'grog« und schließlich der Name Eggnog. Es sind sehr gehaltvolle Drinks, die kalt oder warm serviert werden und stets ein Ei, Milch und eine großzügige Menge Alkohol enthalten. Eggnog als Fertigprodukt gibt's zwischen Thanksgiving und Neujahr in jedem amerikanischen Supermarkt.

ZUTATEN FÜR 6 COCKTAILS

6 Eier
150 g Puderzucker
250 ml Milch
250 ml Sahne
8 cl weißer Rum
8 cl Whiskey
8 cl Grand Marnier

GLAS

kleine Gläser oder Tassen

GARNITUR

geriebene Muskatnuss

ZUBEREITUNG

Die Eier trennen, das Eiweiß steif schlagen und beiseitestellen. Das Eigelb mit dem Puderzucker cremig aufschlagen, die Milch und die Sahne einrühren. Anschließend den Rum und den Whiskey untermengen und den Eischnee unter die Masse heben. Für etwa 20 Minuten kalt stellen. Den Eggnog auf die Gläser oder Tassen verteilen und mit frisch geriebener Muskatnuss garnieren. Den Grand Marnier erwärmen, auf sechs kleine Gläser verteilen und eines zu jedem Eggnog reichen. Man kann den Grand Marnier auch mit einem Mini-Bunsenbrenner flambieren und in den Eggnog gießen.

31 EL PRESIDENTE

Während der Prohibition und in den Jahren danach erlebte der El Presidente seine größte Popularität in den USA. Die Herkunft seines ehrfurchtgebietenden Namens ist ungewiss. Eine der Geschichten besagt, dass der deutsch-amerikanische Bartender Eddie Woelke der Prohibition auswich und in einer Bar in Havanna arbeitete. Dort erfand er den El Presidente und widmete ihn dem zu der Zeit amtierenden Präsidenten Gerardo Machado. Der Drink wurde schnell der Lieblingscocktail von Machado und fand so seinen Weg in die kubanische Oberschicht. Andere behaupten, er sei nach dem vorherigen Präsidenten Mario García Menocal benannt worden, und wieder andere, dass Menocal ihn sogar selbst erfunden hätte. Wir werden wohl nie erfahren, welche der Geschichten wahr ist – aber der Cocktail schmeckt so oder so sehr gut.

ZUTATEN
6 cl kubanischer Rum
3 cl trockener Wermut
1 Barlöffel Curaçao
3 Dashes Grenadine
Eiswürfel

GLAS
Martiniglas/Cocktailschale

GARNITUR
Orangen-/Zitronenzeste

ZUBEREITUNG
Alle Zutaten im Shaker auf Eiswürfeln schütteln, dann in das Glas abseihen. Mit der Orangen- oder Zitronenzeste garnieren.

32 ESPRESSO MARTINI

Der Bartender Dick Bradsell erzählte immer etwas geheimniskräme-
risch, sein heute berühmter Espresso Martini sei 1984 entstanden,
als ein britisches Topmodel in die Londoner Fred's Bar kam und
nach einem Drink fragte, »that could wake me up, and f*** me
up«. Dass die Mischung aus Koffein, Zucker und Alkohol einen
durchaus erquickenden Effekt haben kann, kennt man heute meist
von Energydrinks, die aber erst Ende der 1980er-Jahre populär wurden. Bradsell erfand unzählige neue Cocktailkreationen und hat es
als Einziger geschafft, mit zwei Cocktails auf Angus Winchesters Liste
der sieben modernen Cocktailklassiker genannt zu werden. Ein ge-
nialer Bartender, der – ganz Gentleman – nie verraten hat, wer das
Model war. Im 18. Jahrhundert tranken die Damen der höheren
Gesellschaft ihren Kaffee gerne kalt, denn heißer Kaffeedampf
hätte ihnen die Schminke ruiniert. Vielleicht hat sich Bradsell daran
erinnert, als er das geschminkte Model sah? Leider können wir ihn
nicht mehr fragen.

ZUTATEN
4 cl Wodka
1 cl Zuckersirup
1 cl Kahlúa (Kaffeelikör)
2 cl kalter Espresso
Eiswürfel

GLAS
Martiniglas

GARNITUR
3 Kaffeebohnen

ZUBEREITUNG
Alle Zutaten im Shaker auf Eiswürfeln schütteln, ins vorgekühlte Glas
abseihen und mit den Kaffeebohnen
garnieren.

33 FRENCH 75

Der französische Mönch Dom Pérignon, der der Legende nach den gleichnamigen Champagner erfunden hat, soll nach vollbrachter Tat seine Mitbrüder mit den Worten herbeigerufen haben: »Venez mes frères, vite, je bois des étoiles!« (Kommt schnell, ich trinke Sterne!) Die feine Perlage funkelt im Glas und kitzelt am Gaumen; Champagnercocktails schmecken hervorragend und sind für festliche Anlässe als glamouröser Einstiegsdrink die erste Wahl.

Einer, der den Sprung auf die Leinwand geschafft hat, ist der French 75: Er ging in Rick's Café Américain in der Liebesschnulze Casablanca 1942 über den Tresen. Benannt ist er weniger romantisch nach einer Kanone, deren Durchschlagskraft berühmt-berüchtigt war. Eben diesen Wumms kann der champagnerbasierte Cocktail wahrlich entwickeln. Grund dafür ist der Gin, welcher sich vortrefflich hinter dem prickelnden Champagner zu verstecken weiß.

Fühlen Sie sich (g)inspiriert? Die nächste Gelegenheit wird sich hoffentlich bald bieten. »Schau mir in die Augen, Kleines.« À la vôtre!

ZUTATEN

3 cl Gin
2 cl Zitronensaft
1 cl Zuckersirup
10 cl gut gekühlter Champagner
Eiswürfel

GLAS

Champagnerkelch

GARNITUR

Zitronenzeste

ZUBEREITUNG

Alle Zutaten bis auf den Champagner im Shaker auf Eiswürfeln gut schütteln und ins gekühlte Glas abseihen. Mit Champagner auffüllen und mit der Zitronenzeste garnieren.

34 FROMME HELENE

Wenn die Indios der südamerikanischen Tupí-Guaraní-Stämme etwas zu feiern haben, darf ein köstlicher Schnaps aus dem gelben, butterweichen Fruchtfleisch der Avocado nicht fehlen. Niederländische Eroberer brachten die Rezeptur des Getränks mit in ihre Heimat, doch die Avocadopflanze wollte im kühlen Europa nicht gedeihen. Kurzerhand ersetzte ein findiger Flame die Eierfrucht durch Eigelb und 1876 stieg ein Antwerpener Destillateur namens Eugen Verpoorten in das Geschäft ein. Den umgetexteten Gassenhauer »Ay, Ay, Ay, Maria, Maria aus Bahia« kannte ab den 1960er-Jahren jedes Kind: »Ei, ei, ei, Verpoorten, daheim und allerorten.« Damit der süße Eierlikör zum Cocktail wird, gibt man etwas Maraschinolikör mit ins Glas, Kirsche drauf, fertig. Seinen Namen hat der Drink von einer Dame erhalten, die jeder kennt und jeder zitieren kann. Es ist die fromme Helene bei Wilhelm Busch, von der das geflügelte Wort stammt: »Es ist ein Brauch von Alters her: Wer Sorgen hat, hat auch Likör. Doch wer zufrieden und vergnügt, sieht zu, daß er auch welchen kriegt.«

ZUTATEN
2 cl Eierlikör
3 cl Maraschinolikör
zerstoßenes Eis

GLAS
Martiniglas

GARNITUR
Maraschinokirsche

ZUBEREITUNG
Das Martiniglas mit zerstoßenem Eis füllen, den Eierlikör und den Maraschinolikör darübergießen und kurz umrühren. Mit der Kirsche garnieren.

35 GIMLET

Der Gin-Klassiker Gimlet blieb außerhalb Englands lange bedeutungslos. Er wurde auf den Schiffen der Royal Navy getrunken, die sich Mitte des 19. Jahrhunderts jährlich mit 1000 Kisten Gin Navy Strength von der Ginbrennerei in Plymouth beliefern ließ. Sir Thomas Gimlette, Admiralarzt der Marine, verordnete seinen Offizierskollegen auf hoher See, täglich ihren Gin mit einem guten Schuss Vitamin-C-haltigem Limettensirup einzunehmen, um Skorbut vorzubeugen. Er dachte, der Alkohol diene als Schutz und der Limettensirup habe nur die Aufgabe, die benebelnde Wirkung etwas zu mildern. Heute wissen wir, dass es das Vitamin C im Sirup war, das der Mangelkrankheit entgegenwirkte. Die Rezeptur für die »Medizin« bekam folgerichtig den Namen des Arztes, der sie verordnet hatte.

Bis heute ist der Shortdrink extrem herb und säurebetont, mit einem hohen Alkoholgehalt und puristisch in der Zubereitung: Gin und Limettensirup – ein Gentleman's Drink.

ZUTATEN
5 cl Gin
5 cl Limettensirup
Eiswürfel

GLAS
Cocktailschale

GARNITUR
Limettenscheibe

ZUBEREITUNG
Den Gin und den Limettensirup im Barglas auf Eiswürfeln verrühren, durch den Strainer in die Cocktailschale abseihen und mit der Limettenscheibe garnieren.

36 GIN BASIL SMASH

In erster Linie geht es bei einem Smash um einen Cocktail mit frischen Früchten und frischen Kräutern, die zerstoßen (ge»smasht«)
werden. Die Minze gilt als die urklassische Zutat, jedoch eroberten
die verschiedensten Varianten des Smash von Amerika ausgehend
die Bars dieser Welt. Mögliche Zutaten sind Thymian, Rosmarin, Dill,
Wildkräuter – und Basilikum.
Der Gin Basil Smash ist ein echter Signature Drink »made in Ger-
many«. Der erfrischende Cocktail bringt den Geschmack des Basili-
kums ebenso wie den des jeweiligen verwendeten Gins extrem gut
zur Geltung. »Der Drink verzichtet auf exotischen Quatsch. Stern-
frucht, Physalis und solche Dinge waren im Jahr 2000 in Mode«,
sagt Jörg Meyer, Erfinder des Cocktails und Inhaber der Hamburger
Bar Le Lion. Getreu dem norddeutschen Motto »nich lang snacken«
wird jetzt gesmasht! Ahoi, Hamborg!

ZUTATEN

1 Handvoll grüne Basilikumblätter
½ unbehandelte Zitrone
6 cl Gin
2 cl Zuckersirup
Eiswürfel

GLAS

Tumbler

GARNITUR

Basilikumblatt

ZUBEREITUNG

Das Basilikum und die in Viertel geschnittene Zitrone in den Shaker geben
und kräftig ausdrücken. Den Gin und den Zuckersirup dazugeben und alles
auf Eiswürfeln kräftig schütteln. Ins vorgekühlte Glas mit Eiswürfeln doppelt
abseihen und den Drink mit dem Basilikumblatt garnieren.

37 GIN FIZZ

Der Gin Fizz, ein aufgespritzter einfacher Drink mit säuerlichem Geschmack, gehört zu den Klassikern an der Bar. Es ist im Grunde ein Sour auf Gin-Basis, der mit etwas Sodawasser verlängert wird. Eine Besonderheit bildet der Ramos Gin Fizz, der darüber hinaus Sahne, Eiweiß und einige Tropfen Orangenblütenwasser enthält. Der Bartender Henry Ramos in New Orleans kreierte den Drink, der sich in den 1940er-Jahren zur Spezialität entwickelte. Aufgrund der Notwendigkeit, ihn gewissenhaft und somit kräftezehrend zu shaken, gab es 2008 die humorige Empfehlung von Gastro-Journalistin Amanda Hesser in der New York Times, ihn nicht in der Bar zu ordern, sondern ihn für einen Abend auf der Veranda mit dem besten Freund zu reservieren. Zusatz: »Especially if the friend is a dog, because then there's no need to make a second drink. (Vor allem, wenn der Freund ein Hund ist, denn dann gibt es keine Notwendigkeit, einen zweiten Drink zu machen.)« Nur eine Schüssel Wasser für den Wauzi.

ZUTATEN
5 cl Gin
3 cl Zitronensaft
2 cl Zuckersirup
10 cl gekühltes Sodawasser
Eiswürfel

GLAS
Fizzglas/Highballglas

GARNITUR
Zitronenscheibe

ZUBEREITUNG
Den Gin, den Zitronensaft und den Sirup im Shaker auf Eiswürfeln kräftig schütteln. Ins Glas abseihen, mit Sodawasser auffüllen und mit der Zitronenscheibe garnieren.

38 GIN TONIC

Gin Tonic – typisch britisch? Sir Winston Churchill hat die Bedeutung des altbewährten Mixgetränks für das Land auf den Punkt gebracht: »Gin und Tonic haben mehr Engländern Leben und Verstand gerettet als sämtliche Ärzte im Empire.« Im Heimatland des Gins wurde der Mix mehr oder minder zufällig durch die britische Armee in Indien erfunden. Stark chininhaltiges und dadurch extrem bitteres Tonic Water wurde dort zur Malariaprophylaxe eingesetzt. Gin fügte man hinzu, um den Geschmack zu verbessern.

Der anhaltende aktuelle Hype rund um den G&T ging von Spanien aus um den Erdball. Niemand hat die Zubereitung eines im Prinzip einfachen Drinks zu einer solchen Kunst erhoben wie diese Nation. Man findet Gin Tonic mit Grapefruitschalen und Thymian, mit Himbeeren, Limetten und Rosenblättern oder mit Apfelspalten, schwarzem Pfeffer und Selleriestange. Und: Es schmeckt! Die Kombination aus süß (Zucker) und bitter (Chinin) und die runde Komplexität der unterschiedlichsten Ginsorten ergeben immer wieder aufs Neue eine majestätische Komposition, die einen festen Stammplatz auf jeder Cocktailkarte hat.

ZUTATEN
4 cl Gin
16 cl Tonic Water
Eiswürfel

GLAS
Longdrinkglas/Tumbler

GARNITUR
Limetten-/Zitronenscheibe

ZUBEREITUNG
Den Gin auf Eiswürfel ins Glas geben, mit Tonic Water auffüllen und mit einer Limettenscheibe (englische Art) oder einer Zitronenscheibe (amerikanische Art) garnieren.

In Spanien serviert man den Gin Tonic bevorzugt in großen bauchigen Weingläsern mit vielen Eiswürfeln und ausgefallenen Garnishkreationen.

39 GODFATHER

Angesichts seiner vergleichsweise jungen Geburtsstunde ist merkwürdig wenig über den Godfather bekannt, der in den 1970er-Jahren auf den Cocktailkarten erschien. Zu dieser Zeit kam mit Marlon Brando als titelgebendem Clanchef Don Vito Corleone der Mafiafilm **The Godfather** (deutscher Titel: **Der Pate**) von Regisseur Francis Ford Coppola in die Kinos. Erst bestritt die führende Amaretto-Marke Disaronno, etwas mit dem Drink zu tun zu haben, dann nutzten deren Manager die Marketingchance und behaupten seither, der Godfather sei das Lieblingsgetränk von Marlon Brando gewesen.

Der neue Hype um hochwertigen Scotch Whisky hat in den letzten Jahren den Cocktail wieder populärer gemacht. Serviert wird er trotz aller Update-Versuche weiterhin als strammes Whisky-Getränk im Old-Fashioned-Glas. Don Vito Corleone mit Coupette-Glas wäre auch irgendwie lächerlich. Falls an der Bar ein Godfather vor Ihnen platziert wird, denken Sie daran: »Ein Angebot, das man nicht ablehnen kann.«

ZUTATEN
4 cl Scotch Whisky
2 cl Amaretto
Eiswürfel

GLAS
Old-Fashioned-Glas

GARNITUR
Zitronenzeste

ZUBEREITUNG
Einige Eiswürfel ins Glas geben, den Whisky und den Amaretto darübergießen, leicht umrühren und mit der Zitronenzeste garnieren.

40 GOLDEN DREAM

Spiechlein, Spieglein an der Wand, wer ist der Schönste im ganzen Land? Der fruchtig-cremige Dessertcocktail Golden Dream gehört auf alle Fälle in die engere Auswahl. Er wird mit dem goldgelb schimmernden Galliano, frisch gepresstem Orangensaft und süßer Sahne zu einem samtigen Leckerbissen.

Raimundo Alvarez, Bartender in der Old King Bar in Miami Florida, widmete den nach Orangen und Kräutern duftenden Drink der Schauspielerin Joan Crawford. Als beste Hauptdarstellerin für ihre Rolle in **Solange ein Herz schlägt** gewann sie 1946 einen Oscar. Wer den Film nicht kennt, kennt sicher Disneys **Schneewittchen und die sieben Zwerge.** Die Zeichner bedienten sich ungeniert an realen Vorlagen, und so trägt die böse Königin nicht nur das Gewand – amerikanisch aufgemaschlert – der Markgräfin Uta aus dem Naumburger Dom, sondern auch die Gesichtszüge von Joan Crawford. Da der Golden Dream weder Äpfel noch deren Saft enthält, kann auf den Vorkoster getrost verzichtet werden.

ZUTATEN
2 cl Galliano
2 cl Triple Sec
2 cl Orangensaft
1 cl Sahne
Eiswürfel

GLAS
Martiniglas

GARNITUR
keine

ZUBEREITUNG
Alle Zutaten im Shaker auf Eiswürfeln kräftig schütteln und ins vorgekühlte Glas abseihen.

41 GRASSHOPPER

Der »Grashüpfer« ist eine schaumig-cremige Versuchung mit angenehmem Minzgeschmack und leichter Kakaonote, die optisch etwas hermacht. Grüne Getränke, grüne Perücken, grüne Gebäude, sogar grün eingefärbte Flüsse … grüner wird's nicht als am 17. März, dem St. Patrick's Day und Nationalfeiertag aller Iren und sonstiger Guinness-Trinker! Dann ist Farbe Trumpf. Und der Grasshopper das Getränk der Stunde.

Dem Grün verdankt der Cocktail seinen Namen und sicher einen Teil seiner Popularität. Der After-Dinner-Cocktail ist stets präsent, ob in Witzen von John Cleese auf CBS Radio, im Film **Ronin** von Robert De Niro oder als Lieblingsdrink von Raj in der Sitcom **The Big Bang Theory.** Die Farbe der ersten Blätter und Gräser im Frühling steht für die Hoffnung auf bessere Zeiten und eine reiche Ernte. Wie heißt es in **Star Wars?** »Your're my only hope.«

ZUTATEN

3 cl Crème de Menthe Verte
3 cl Crème de Cacao (weiß)
3 cl Sahne
Eiswürfel

GLAS

Martiniglas

GARNITUR

einige Minzeblätter

ZUBEREITUNG

Alle Zutaten im Shaker auf Eiswürfeln kräftig schütteln, ins eisgekühlte Glas abseihen und mit Minzeblättern garnieren.

42 GREYHOUND

Wer auf Grapefruit steht, der wird den Greyhound lieben. Zwei
Komponenten braucht man für diesen erfrischenden Drink: Wodka
und Grapefruitsaft – that's it.

Der »Paradiesapfel« kam ursprünglich von den Karibikinseln Barba-
dos und Jamaika. Wie alle Zitrusfrüchte enthält die Grapefruit eine
Menge Vitamin C, was bekanntlich die Abwehrkräfte stärkt und den
Stoffwechsel anregt. Im Cocktail ist frisch gepresster Saft unbedingt
die erste Wahl, denn nicht alles ist Fruchtsaft, was auf den ersten
Blick so aussieht. Bei fertigen Produkten ist nur der Direktsaft unver-
dünnt und zu 100 Prozent aus frischen oder tiefgefrorenen Früchten
hergestellt. Der Zusatz »naturrein« ist ebenfalls entscheidend, da er
bedeutet, dass der Saft nicht gezuckert worden ist.

Ein fruchtig-herber Cocktail, den man auf jedem Fest im Handum-
drehen zaubert – eine roséfarbene Schönheit.

ZUTATEN
5 cl Wodka
10 cl roséfarbener Grapefruitsaft
Eiswürfel

GLAS
Longdrinkglas

GARNITUR
Grapefruitscheibe

ZUBEREITUNG
Das Glas mit Eiswürfeln füllen, den
Wodka und den Saft dazugeben,
kurz umrühren und den Drink mit
der Grapefruitscheibe garnieren.

VARIANTE
Eine Abwandlung des Greyhound ist
der Salty Dog. Die Unterschiede liegen im Mischverhältnis (5 cl Wodka
und 5 cl Grapefruitsaft) und darin,
dass das Glas des Salty Dog einen
Salzrand hat.

43 HARVEY WALLBANGER

Die Legende, der Cocktail sei nach dem kalifornischen Surfer Harvey Wallbanger benannt, hält sich hartnäckig. Nach seinem Tanz auf den Wellen habe er beim Absacker in der Bar seinen Kopf an die Wand (wall) geknallt (bang). Zu viele Drinks? Der Wunsch nach noch mehr Drinks? Jeder erinnert sich anders, und wahrscheinlich waren es die Werbestrategen von Galliano, die diesen Harvey erfanden, um den durstigen Surfer für ihren Kräuterlikör zu nutzen. Der Cocktail, auch Italian Screwdriver genannt, erhält mit dem neongelben Likör sein unverkennbares gelb-blondes Aussehen und eine würzige Süße. Den Likör aber nur sparsam verwenden, sonst schmeckt der Drink penetrant gepanscht und Wodka und Orangensaft sind übertüncht.

ZUTATEN

4 cl Wodka
9 cl Orangensaft
1 cl Galliano
Eiswürfel

GLAS

Longdrinkglas

GARNITUR

Orangenscheibe/Cocktailkirsche

ZUBEREITUNG

Das Glas mit Eiswürfeln füllen, den Wodka und den Orangensaft eingießen und verrühren. Den Galliano darüberfließen lassen und den Cocktail mit der Orangenscheibe oder der Cocktailkirsche garnieren.

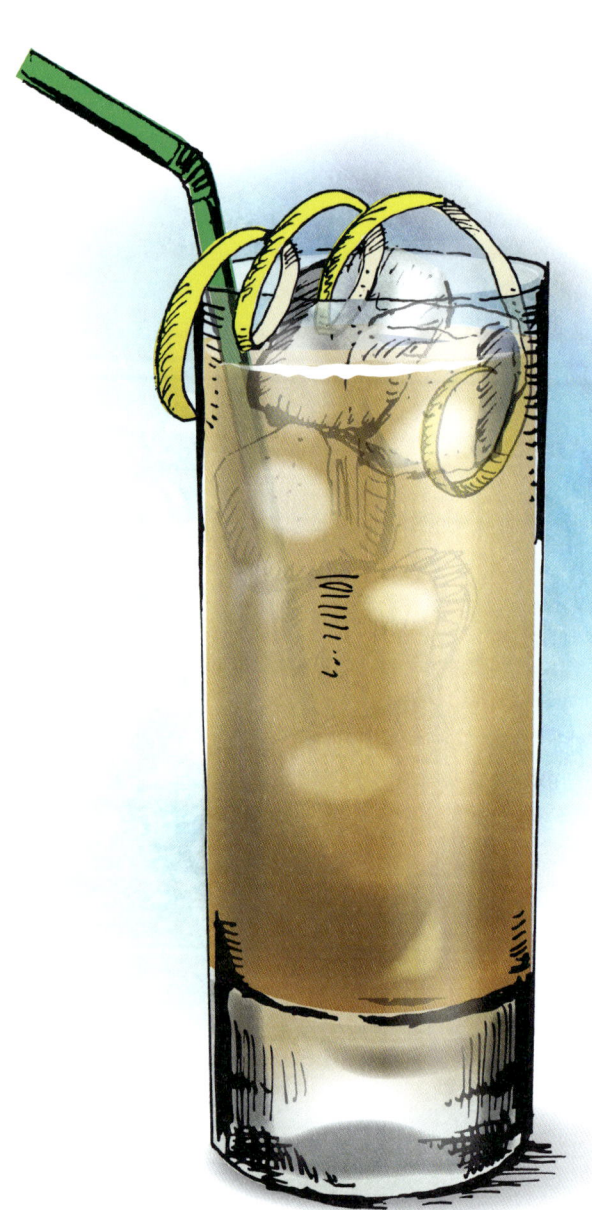

44 HORSE'S NECK

Ein Cocktail, der schon seit weit mehr als einem Jahrhundert für seine erfrischende Qualität geschätzt wird. Zurückdatieren kann man ihn bis in die 1880er-Jahre. Ursprünglich bestand ein Horse's Neck nur aus einer Zitronenzestenspirale mit Ginger Ale. Erst später gab man eine Spirituose dazu und insbesondere während der Prohibitionszeit, als teilweise nur Alkohol von zweifelhafter Qualität verfügbar war, außerdem Zucker und Bitters, um ihn besser trinkbar zu machen. Heute wird dieser Highball zumeist mit amerikanischem Whiskey (Rye oder Bourbon) gemixt.

Von der Zitronenzeste, die mit einem Zestenreißer extra lang geschnitten wird, leitet sich der Name des Cocktails ab. Wird sie spiralförmig in das Glas gelegt und ragt das obere Ende über den Rand nach außen, ähnelt die Form einem Pferdenacken. Je mehr Horse's Neck man getrunken hat, desto einfacher ist es, diese Silhouette einwandfrei zu erkennen. Und sind die Zügel erst einmal gelockert, sollte man wie in der Reitkunst keine Angst vor Kontrollverlust haben, sondern Losgelassenheit und Harmonie genießen.

ZUTATEN
6 cl Bourbon oder Rye Whiskey
Ginger Ale
2 Dashes Angosturabitter
Eiswürfel

GLAS
Highballglas

GARNITUR
Zitronenzeste

ZUBEREITUNG
Alle Zutaten auf Eiswürfel ins Glas geben und kurz umrühren. Die Zitronenzeste spiralförmig im Glas platzieren, sodass ein Teil über den Glasrand hinaushängt.

45 HUGO

Kennt jeder, trinkt jeder, liebt jeder. Und doch machten sich die Barkeeper ans Werk mit dem Ergebnis: Hugos kleine Schwestern sind da. Die Familie der Proseccoschorlen hat Zuwachs bekommen – die fruchtige Helga und die scharfe Inge stehen nun ihrem minzigen Bruder zur Seite.

Beim Hugo, dem Erstgeborenen, ist das Zusammenspiel der Zutaten wohlüberlegt. Im ursprünglichen Rezept noch mit Zitronenmelissesirup, wandelte man die Erfindung des Barbesitzers Roland Gruber aus Südtirol bald mit Holunderblütensirup ab. Auch bei Helga und Inge ist der Gencode verändert: mit Himbeer- und Ingwersirup. Allen gemeinsam ist der belebende Geschmack, der sie zu wahren Sommercocktails macht. Frischer Wind für heiße Tage.

Kleine Wortkunde gefällig, bevor Sie jetzt »auf an Hugo« nach Bozen abdüsen? Der Begriff Schorle geht auf das niederbayrische Schorlemorle zurück, von alters her eine Bezeichnung für ein Getränke-Durcheinander. Behalten Sie den Überblick! Und buon viaggio!

ZUTATEN

3–5 Minzeblätter
2 cl Holunderblütensirup
15 cl gut gekühlter Prosecco
1 Spritzer gekühltes Sodawasser
Eiswürfel

GLAS

Weißweinglas

GARNITUR

Zitronenscheibe, Minzezweig

ZUBEREITUNG

Die Minzeblätter und einige Eiswürfel ins Glas geben, den Holunderblütensirup darübergießen und mit Prosecco und Sodawasser auffüllen. Kurz umrühren. Mit der Zitronenscheibe und dem Minzezweig garnieren.

46 HURRICANE

Der Name verspricht viel: Huracán ist in der Maya-Mythologie der Gott des Windes, des Sturms und des Feuers. Und Vorsicht ist geboten: Das harmlose Äußere des Hurricane-Cocktails ist reine Tarnung. In seinem Inneren wirken gewaltige Kräfte. »Der einzige Hurrikan, den wir fürchten, ist der, den wir trinken«, raunen die Gäste der Pat O'Brien's Bar im French Quarter in New Orleans. Zur Zeit der Prohibition ein »speakeasy«, eine illegale Bar, die trotz Verbots Alkohol ausschenkte. Um in eine solche Flüsterkneipe hineinzukommen, waren geheime Parolen oder Klopfzeichen notwendig. Oder es drehte sich auf Knopfdruck die komplette Bar herum. Die rumlastige Mixtur goss man in Gläser mit der Form einer Petroleumlampe, einer hurricane lamp, heute gießt man sie ins Hurricaneglas. Und nochmals Vorsicht: Nicht nur Rum kann Feuer fangen – »I saw your brown eyes, turning once to fire« (Ich sah dich und fing zu brennen an), singt Neil Young in **Like a Hurricane.**

ZUTATEN

4 cl brauner Rum
2 cl weißer Rum
1 cl Limettensaft
2 cl Orangensaft
2 cl Ananassaft
1 cl Maracujasirup
Eiswürfel
zerstoßenes Eis

GLAS

Hurricaneglas

GARNITUR

Orangenscheibe, Stielkirsche

ZUBEREITUNG

Alle Zutaten im Shaker auf Eiswürfeln kräftig schütteln, auf zerstoßenes Eis ins Glas abseihen und mit der Orangenscheibe und der Kirsche garnieren.

47 IRISH COFFEE

Für viele Genießer gilt: Kaffee am Morgen, Cocktail am Abend. Wer diese Regel einmal durchbrechen möchte, sollte zum ältesten Kaffeecocktail greifen, dem Irish Coffee. Wie der Name vermuten lässt, kommt das Heißgetränk ursprünglich aus Irland. Erstmals wurde es 1940 durchfrorenen Gästen in einem Restaurant am Flughafen Foynes an der Westküste des Landes serviert. Der Restaurantchef Joe Sheridan fügte einer Tasse heißem starkem Kaffee einen Schuss irischen Whiskey hinzu und setzte ein Sahnehäubchen obenauf, um die Passagiere vor ihrem Flug nach Übersee zufriedenzustellen. Die Amerikaner waren begeistert und das Getränk wurde dauerhaft in die Karte aufgenommen. Der Kaffeecocktail vereint Koffein, Zucker und Alkohol, eine Kombination, die uns wach und glücklich macht und die Stimmung nicht nur an kalten, verregneten Nachmittagen im Flughafenterminal hebt. Latte Macchiato geht immer, aber es darf auch mal was Besonderes sein.

ZUTATEN FÜR 1 IRISH COFFEE
4 cl irischer Whiskey
1 TL Zucker
9 cl heißer Kaffee
3 cl Schlagsahne

GLAS
hitzebeständiges Henkelglas mit Fuß

GARNITUR
geraspelte Schokolade

ZUBEREITUNG
Den Whiskey mit dem Zucker erwärmen. Den heißen Kaffee in das Glas geben, die Whiskeymischung hinzufügen und die geschlagene Sahne als Häubchen obenauf setzen. Mit geraspelter Schokolade bestreuen. Traditionell wird Irish Coffee ohne Löffel gereicht, da das Getränk nicht umgerührt, sondern durch die kühle Sahne hindurch geschlürft wird.

48 JACK ROSE

David A. Embury nannte diesen Cocktail in seinem Buch **The Fine Art of Mixing Drinks** von 1948 einen der sechs wichtigsten Drinks an der Bar. Schon mal gekostet? Denken Sie an die saftigen und knackigen Äpfel aus Omas Garten und Sie sind dem Jack Rose auf der Spur. Nach Ursprungsrezept wird er mit rauem Applejack-Brandy von der Ostküste der USA zubereitet, jedoch verschwand dieser Apfelschnaps durch die Prohibition fast in der Versenkung, einzig in New Jersey wird er heute noch hergestellt. Als Ersatz verwenden die Bartender häufig einen französischen Calvados.

Wie der Jack Rose zu seinem Namen kam, ist nicht eindeutig. Die blumige Variante besagt, dass der Cocktail mit der rosa Farbe nach einer Rosenart benannt wurde, der Général Jacqueminot, auch Jack Rose genannt. Die nüchterne Variante ist, dass »Jack« von der Spirituose Applejack kommt und »Rose« von der Farbe des Drinks. Wenige Zutaten und doch faszinierend komplex.

ZUTATEN
6 cl Applejack oder Calvados
2 cl Zitronensaft
1 cl Grenadine
zerstoßenes Eis

GLAS
Martiniglas

GARNITUR
Zitronenzeste

ZUBEREITUNG
Alle Zutaten im Shaker auf zerstoßenem Eis kräftig schütteln, ins vorgekühlte Glas abseihen und mit der Zitronenzeste garnieren.

49 KAMIKAZE

Der Shot schlechthin: kalter Wodka mit etwas Limettensaft zum
Exen. Hollywoodstar Bruce Willis schenkte ihn in seinem früheren
Leben als Barkeeper Bruno im Café Central dutzendweise aus.
Reicht man den Kamikaze als Cocktail, kommt als weitere Zutat
Triple Sec ins Glas.
Den Namen verdankt er seiner Wirkung. Man wollte den Vergleich
mit der Stärke japanischer Kampfflieger und deren Selbstaufopfe-
rung zum Ausdruck bringen. Bereits im 13. Jahrhundert bezwang
das Kaiserreich Japan den mongolischen Eroberer Kublai Khan, den
Khan der Khane, dessen Name nur noch von seinem Großvater
Dschingis Khan überstrahlt wird, und sein für unbesiegbar gehalte-
nes Reiterheer mithilfe eines Kamikazes – dem »Sturm der Götter«.
An der Bar hat dem vormals so beliebten Drink der Cosmo den
Rang abgelaufen, im Grunde der mit Cranberrysaft erweiterte Kami-
kaze. »Stirb langsam« gilt wohl nicht nur für Bruce Willis' Filmreihe.
Absturz einkalkuliert.

ZUTATEN

3 cl Wodka
3 cl Triple Sec
3 cl Limettensaft
Eiswürfel

GLAS

Martiniglas

GARNITUR

Limettenzeste

ZUBEREITUNG

Alle Zutaten im Shaker auf Eiswürfeln gut schütteln, ins Glas abseihen und
mit der Limettenzeste garnieren.

50 KIR

Der Kir ist ein prickelnder, spritziger Cocktail, der sich ausgezeichnet als Aperitif eignet. Sein Namensgeber Félix Adrien Kir servierte den Mix aus Weißwein und Crème de Cassis in seiner Funktion als Bürgermeister von Dijon stets bei seinen Empfängen im Rathaus und machte ihn dadurch populär. Die regionale Spezialität Cassis, ein Likör aus schwarzen Johannisbeeren, ist ziemlich süß, sodass selbst der trockenste Vin de Pays in dieser Mischung noch gut zu trinken ist. Die Franzosen bestellen ihren »Le Kir« als »Blanc-Cass«. Wer ihn zum Kir Royal adeln will, der verwende Champagner oder Crémant.

In Deutschland wäre der Cassis beinahe dem Branntweinmonopol zum Opfer gefallen. Er entspricht mit seinem Alkoholgehalt von 15–20 Vol.-% nicht den geforderten 32 Vol.-% für Liköre. Erst 1979 stellte der Europäische Gerichtshof die Unvereinbarkeit mit der europäischen Warenverkehrsfreiheit fest und ermöglichte hierzulande den Verkauf. Ein Hoch auf Europa! Santé!

ZUTATEN

1 cl Crème de Cassis
9 cl gut gekühlter trockener Weißwein
oder Champagner

GLAS

Weinglas/Champagnerflöte

GARNITUR

keine

ZUBEREITUNG

Den Cassis ins passende Glas geben und mit Weißwein oder Champagner auffüllen.

51 LADYKILLER

Beim Ladykiller ist der Name Programm: Der verführerisch süße Geschmack täuscht über den hohen Alkoholgehalt hinweg und hat auf diese Weise schon so manche Dame (und gewiss auch manchen Herren) in die Knie gezwungen. Der süße Drink ist sogar prämiert: Mit ihm gewann der Schweizer Barkeeper Peter Roth 1984 die Weltmeisterschaft der International Bartenders Association. Der Name des Cocktails soll von einem Erlebnis mit einem weiblichen Gast herrühren: Jene Dame soll nach übermäßigem Genuss seligseufzend vom Barhocker gerutscht sein, das Wort »Ladykiller« noch auf den Lippen. Ein echter Herzensbrecher!

ZUTATEN
3 cl Gin
1,5 cl Cointreau
1,5 cl Apricot Brandy
6 cl Maracujasaft
6 cl Ananassaft
Eiswürfel

GLAS
Longdrinkglas

GARNITUR
Orangenscheibe, einige Minzeblätter

ZUBEREITUNG
Alle Zutaten im Shaker auf Eiswürfeln kräftig schütteln, dann in das mit Eiswürfeln gefüllte Glas abseihen. Mit der Orangenscheibe und der Minze garnieren.

52 LAST WORD

Weder in der US-amerikanischen noch in der europäischen Barszene
wusste man etwas vom Cocktail Last Word bis zu seiner Wiederent-
deckung durch den Barkeeper Murray Stenson im Jahr 2004. Aus-
gerechnet in Seattle, der Stadt der USA, die wegen ihres nebligen
und verregneten Klimas die »Smaragdstadt« genannt wird, wurde
der grün schillernde Klassiker aus der Zeit der Prohibition wieder
ans Licht geholt.
Seine Farbe und seine angenehm krautig-medizinische Note erhält
der Drink vom Chartreuse Verte, dem Likör, der in den französischen
Alpen nahe Grenoble im Kloster Grande Chartreuse aus 130 Kräutern und anderen geheimen Pflanzenbestandteilen gebrannt wird.
»Der einzige Likör, der so gut ist, dass man eine Farbe nach ihm benannt hat«, sagt Quentin Tarantino als Barbesitzer Warren, während
er ihn in seinem Film **Death Proof – Todsicher** serviert.
Die Kartäusermönche trinken ihren Chartreuse pur, sie haben ein
Schweigegelübde abgelegt und wollen nicht das »last word«, das
»letzte Wort«.

ZUTATEN

2 cl Gin
2 cl Chartreuse Verte
2 cl Maraschinolikör
2 cl Limettensaft
Eiswürfel

GLAS

Martiniglas

GARNITUR

Zitronenzeste

ZUBEREITUNG

Alle Zutaten im Shaker auf Eiswürfeln schütteln und ins vorgekühlte Glas
abseihen. Mit der Zitronenzeste garnieren.

53 LILLET LACANAU

Frankreich ist die Heimat vieler Aperitifs; aus dem sonnigen Südwesten stammt der Lillet, ein besonders fruchtiges Wein-Likör-Gemisch. Seit 1872 werden die erlesenen Weißweine und seit 1962 ebenfalls die Rotweine des prestigeträchtigen Anbaugebiets rund um Bordeaux mit einem Fruchtmazerat aus Zitrusfrüchten (hauptsächlich Orangen und Pomeranzen) verfeinert und verbleiben zur Reifung in traditionellen Eichenfässern.

Wenn die Bordelais, die Einwohner von Bordeaux, an den Sommerwochenenden aus der Stadt an die Atlantikküste nach Lacanau-Plage pilgern, ist das Surferparadies der exklusive Platz für den Genuss von Lillet auf viel Eis. So schmeckt der Weinaperitif leicht und fruchtig; eine ausgefeiltere Mischung ist der Lillet Lacanau. Zögern Sie nicht, Surfbrett aufs Dach und bonne route!

ZUTATEN

2 cl Lillet Blanc
2 cl Lillet Rouge
1 cl Campari
4 cl Orangensaft
gekühltes Sodawasser
Eiswürfel

GLAS

Longdrinkglas/Cocktailschale

GARNITUR

keine

ZUBEREITUNG

Die beiden Lillet-Sorten mit dem Campari im Longdrinkglas auf reichlich Eiswürfeln verrühren. Den Orangensaft dazugeben und mit Soda abspritzen. An heißen Tagen lässt man den Orangensaft weg, dann ist der Cocktail besonders erfrischend.

54 LONG ISLAND ICED TEA

Gin, Tequila, Rum, Wodka und Triple Sec sind die hochprozentigen Spirituosen, die in den kräftigen Long Island Iced Tea kommen. Entgegen seiner Bezeichnung enthält der Cocktail keinen Eistee, hat aber wegen der enthaltenen Cola eine ähnlich dunkle Farbe.
Der Fama nach wurde er von einer Lady auf Long Island erfunden. Für ihre heimlich konsumierten Drinks hatte sie immer nur geringe Mengen aus den Schnapsflaschen der Hausbar entnommen und alles in ein Glas geschüttet. Damit der Drink auf den ersten Blick wie ein alkoholfreies Erfrischungsgetränk aussah, streckte sie ihn mit Coca-Cola. Ein Cocktail aus praktisch allem, was in einer Hausbar so herumsteht. 70 Prozent des Long Island bestehen aus Alkohol – eine starke Mischung mit Tarnkappe. Nachzügler beim After Work können mit ein paar Extrazügen hiervon spielend aufholen.

ZUTATEN
2 cl Gin
2 cl Tequila
2 cl weißer Rum
2 cl Wodka
2 cl Triple Sec
2 cl Zitronensaft
2 cl Cola
Eiswürfel

GLAS
Longdrinkglas

GARNITUR
Zitronenscheibe/-zeste

ZUBEREITUNG
Alle Zutaten bis auf die Cola zusammen mit Eiswürfeln in das Longdrinkglas geben und gut verrühren. Dann die Cola darübergießen und mit der Zitronenscheibe oder -zeste garnieren.

VARIANTEN
Der Long Island Energy wird mit Red Bull statt mit Cola aufgegossen, in den Beverly Hills Iced Tea kommt stattdessen Champagner.

55 MAI TAI

Südseeflair pur – hier treffen Rum, Mandelsirup, Curaçao und Limette aufeinander und vereinen sich im klassischsten aller Tiki-Drinks, dem Mai Tai. Der Tiki-Style erfasste nicht nur die Cocktails, sondern die komplette Bar: Theken aus Bambus und Schilfrohr, gemusterte Hawaiihemden, Wandbilder in Lagunentürkis, Korallenrot und Palmgrün und sogar eigene Cocktailbecher mit Ahnen- oder Götterabbildungen, die Tiki-Mugs. Im Hotel at the Waldorf in Vancouver ist die seit den 1940er-Jahren betriebene Tiki-Bar bis heute geöffnet und hier lebt der Kult weiter. Der Mai Tai wird auf der Karte mit »The King Kong of Tiki drinks« beworben.
Über die Frage, wer den starken Mix erfunden hat, liegen die Parteien im Clinch. Donn Beach, der Pionier der Tiki-Barkultur, und hawaiianische Bartender beanspruchen ihn als ihre Erfindung. Der Tiki-Pate Vic Trader aber sagt, er habe den Cocktail 1944 in San Francisco für Besuch aus Tahiti kreiert. Dieser soll nach dem Genuss ausgerufen haben: »Mai tai roa ae!« – Nicht von dieser Welt!

ZUTATEN
4 cl weißer Rum
2 cl brauner Rum
2 cl Orange Curaçao
1 cl Mandelsirup
2 cl Limettensaft
Eiswürfel
zerstoßenes Eis

GLAS
Tumbler/Tiki-Becher

GARNITUR
Zitronenzeste, Minzezweig

ZUBEREITUNG
Alle Zutaten im Shaker auf Eiswürfeln schütteln, in das mit zerstoßenem Eis gefüllte Glas abseihen und mit der Zitronenzeste sowie der Minze garnieren.

56 MANHATTAN

Der Manhattan-Cocktail ist einer der unsterblichen Klassiker. Eine einfache Kombination aus Whiskey, Wermut und Bitter. Und da beginnt die Schwierigkeit, denn welche Zutaten genau führen zum perfekt ausbalancierten Drink?
Die Basis bildet der Whiskey. Überwiegend aus Roggen hergestellt ist der kanadische Rye Whiskey und verleiht eine leicht würzige, aber nicht zu penetrante Note. Der amerikanische Bourbon aus mindestens 51 Prozent Mais ist eine Spur intensiver. Beim Wermut gibt es drei Variationen: trockener französischer Wermut für den Manhattan Dry, süßer, roter, meist italienischer Wermut für den Manhattan Sweet oder halb und halb für den Manhattan Perfect. Wird der Shortdrink zum Ende noch mit Cocktail Bitter abgerundet, bekommt er seine ganz persönliche Note.
Wer sich wie Bart Simpson zum Bartender der Unterwelt befördern lassen will, sollte den Manhattan draufhaben, wenn er von einem Gangsterboss wie Fat Tony zum Mixen aufgefordert wird.

ZUTATEN FÜR 1 MANHATTAN PERFECT

4 cl Rye Whiskey
1 cl roter Wermut
1 cl trockener Wermut
2 Dashes Angostura Bitter
Eiswürfel

GLAS
Martiniglas

GARNITUR
Orangenzeste

ZUBEREITUNG

Alle Zutaten im Barglas auf Eiswürfeln verrühren, durch den Strainer ins vorgekühlte Glas abseihen und mit der Orangenzeste garnieren.

57 MARGARITA

Die Margarita ist der Cocktailfavorit in Mexiko und im Rest der Welt. Tequila, Triple Sec und Limettensaft – simpel, erfrischend, unverwechselbar durch den Salzrand am Glas und verdammt süffig! Mehr als 15 Prozent aller bestellten Drinks in den Vereinigten Staaten sind Margaritas, das ergibt 185 000 pro Stunde, dazu die vielen All-inclusive-Drinks an den Hotelbars rund um den Globus.

Wer glaubt, er könne ewig weitertrinken: Eine Margarita besteht zu 60 Prozent rein aus Tequila; von Fruchtigkeit und wohltuender Frische überdeckt, kann sie einen leicht ausknocken. Die Frage, ob ein Showgirl den Barkeeper zu Drink und Namen inspirierte, erscheint dann zweitrangig. Und es braucht keinen kalauernden Kollegen, der den Office Hangover mit dem Spruch kommentiert: Gibt dir das Leben Zitronen, frag nach Salz und Tequilaaa …

ZUTATEN

4 cl Tequila
2 cl Triple Sec
2 cl Limettensaft
Eiswürfel

GLAS

Cocktailschale

GARNITUR

Salzrand, Limettenscheibe

ZUBEREITUNG

Alle Zutaten im Shaker auf Eiswürfeln schütteln, in die Cocktailschale mit Salzrand abseihen und mit der Limettenscheibe garnieren.

VARIANTEN

Als Abwandlungen gibt es die mit frischen Erdbeeren zubereitete Strawberry Margarita oder die Mango Margarita.

58 MARTINI

Der Martini ist ein Purist. Klassisch werden Gin und Wermut mit Eiswürfeln sorgfältig gerührt und durch ein Sieb in ein vorgekühltes Martiniglas gegossen.

Den Mythos Martini nährten viele Unterstützer. Der Schriftsteller Hemingway trank ihn als Montgomery mit einem Gin-Wermut-Verhältnis von 15:1. Der Staatsmann Churchill liebte ihn noch trockener, ihm reichte es aus, wenn sich eine Flasche Wermut bei der Zubereitung im selben Raum befand, und selbst Abstinenzler können die Bestellung des Lieblingsdrinks von Agent 007 im Schlaf aufsagen. Daniel Craig darf in seinem vierten Film als Geheimagent im Auftrag seiner Majestät endlich auch »Geschüttelt, nicht gerührt!« sagen, markiert doch der Film **Spectre** (2015) eine Rückkehr zum klassischen Bond-Streifen. Außerdem unterzeichnete Sony einen Multi-Millionen-Deal mit Belvedere Vodka. Ja, Wodka, James' Lieblingsgetränk ist der trockene Wodka-Martini, den klassischen Dry Martini genoss der Geheimagent nur in den Romanvorlagen von Ian Fleming.

Selten bleibt Bond allein am Tresen. In **Sag niemals nie** (1983) stolpert Bondgirl Fatima Blush auf Wasserskiern in die Strandbar und landet in den Armen des legendären Sean Connery: »Wie ungeschickt von mir, ich hab' Sie ganz nass gemacht.« »Ja, aber mein Martini ist trocken geblieben.«

ZUTATEN
5 cl Gin
1 cl trockener Wermut
Eiswürfel

GLAS
Martiniglas

GARNITUR
grüne Olive

ZUBEREITUNG
Den Gin und den Wermut im Barglas auf Eiswürfeln verrühren, durch den Strainer ins Glas abseihen und die Olive dazugeben.

59 MINT JULEP

Der Mint Julep zählt zu den Urdrinks der Bargeschichte, er ist einer der ältesten heute bekannten Cocktails.

Die Benennung Julep leitet sich vom persischen Wort »julab« ab, das im 14. Jahrhundert die Bezeichnung für Rosenwasser war, welches man zur Erfrischung im Silberbecher reichte. Wann der Mint Julep das erste Mal gemixt wurde, ist unklar, sicher scheint aber, dass er in den amerikanischen Südstaaten erfunden und gleichfalls gegen die extreme Hitze serviert wurde.

Anfänglich bereitete man Juleps mit verschiedenen Spirituosen zu, nach und nach hat sich die Variante mit Bourbon durchgesetzt. Kein Wunder, stammen Cocktail und Getreidespirituose doch aus derselben Region. Beim Kentucky Derby, einem Galoprennen in Louisville, schenkt man bis heute alljährlich mehrere Tausend Silberbecher mit dem minzig-frischen Drink aus. Die pferdeaffinen Südstaatler lieben ihren starken Cowboy-Drink.

ZUTATEN
6 cl Bourbon Whiskey
2 Barlöffel Puderzucker
einige Minzeblätter
Eiswürfel
zerstoßenes Eis

GLAS
silberner Julep-Becher/Highballglas

GARNITUR
Minzezweig

ZUBEREITUNG
Alle Zutaten im Barglas auf Eiswürfeln kalt rühren und etwas ziehen lassen. Danach in einen Silberbecher oder in ein Glas, gefüllt mit zerstoßenem Eis, abseihen und mit dem Minzezweig garnieren.

VARIANTEN
Der Gin Julep ist eine kräftige Variation, der Cherry-Mint-Julep eine fruchtige und der Waldmeister-Julep eine prickelnde.

60 MOJITO

In Amerika wurde 1920 der Alkohol verboten, aber anstatt auf
dem Trockenen sitzen zu bleiben, reisten die Amerikaner scharen-
weise nach Kuba. Die Rumproduktion schoss in die Höhe, das
Nachtleben von Havanna erblühte, und es wurden immer neue
Cocktails kreiert. Einer davon ist der Mojito. Heller kubanischer Rum
mit einer Handvoll erfrischender Zutaten, eisgekühlt, fertig ist Kubas
Nationalgetränk. Ein Drink, den man auch ganz leicht selber ma-
chen kann. An dieser Stelle ein Appell an alle Low Performer unter
den Mojito-Schankwirten: Bitte frische, zarte Minze bereithalten
und diese nicht erbarmungslos zu Tode quetschen oder in Tausend
Fetzen reißen. Und: Keine Limettenstücke! Der Mojito ist keine
Caipirinha!
Glücklich, wer wie Hemingway seine Stammkneipe gefunden hat:
»My Mojito in La Bodeguita, my Daiquiri in El Floridita!«

ZUTATEN
6–8 Minzeblätter
    (z. B. Yerba-Buena-Minze)
3 cl Limettensaft
2 cl Zuckersirup
4 cl weißer Rum
gekühltes Sodawasser
Eiswürfel

GLAS
Longdrinkglas

GARNITUR
Minzezweig, Limettenscheibe

ZUBEREITUNG
Die Minzeblätter zwischen den Handflächen leicht andrücken, mit dem
Limettensaft und dem Zuckersirup in das Glas geben und umrühren. Erst
dann den Rum dazugeben. Das Glas mit Eiswürfeln auffüllen, mit Sodawasser
übergießen und mit dem Minzezweig und der Limettenscheibe garnieren.

61 MORNING GLORY FIZZ

Cocktails trank man ursprünglich vor allem am Morgen vor Beginn des Tagwerks. Der feinherbe Morning Glory Fizz trägt diese Tradition im Namen.

Ein Cocktail zum Frühstück? Im 18. und 19. Jahrhundert war ein Morgentrunk sowohl in Europa als auch in den USA beliebt, man musste schließlich nicht am hektischen Straßenverkehr teilnehmen und ohne Handys und Computer sah der Start in den Tag anders aus. Um die Nerven zu beruhigen und gelassen in den Tag zu gehen, gab es einen Cocktail. William Terrington definierte in seinem Buch **Cooling Cups and Dainty Drinks** von 1869 Cocktails als »Mischungen, die bevorzugt von Frühaufstehern, den ‚early birds', genutzt werden, um die Manneskraft zu stärken«.

Heute ist der Morning Glory Fizz ein tolles Erfrischungsgetränk an heißen Sommertagen, das den Appetit anregt. Nur eben erst zu späterer Tageszeit.

ZUTATEN
4 cl Scotch Whisky
3 cl Absinth
2 cl Zitronensaft
2 cl Limettensaft
1 cl Zuckersirup
1 Eiweiß
gekühltes Sodawasser
Eiswürfel

GLAS
Fizzglas/Longdrinkglas

GARNITUR
Zitronenscheibe

ZUBEREITUNG
Alle Zutaten bis auf das Sodawasser im Shaker auf Eiswürfeln kräftig schütteln, ins vorgekühlte Glas abseihen und mit einem Schuss Sodawasser toppen. Mit der Zitronenscheibe garnieren.

62 MULE

Maultier, Maulesel, Zebresel – einige einzigartige Mischungen der Equiden sind im Tierreich unterwegs, dennoch bleiben die Kreuzungsmöglichkeiten begrenzt. Dies gilt nicht für die Mules der Barkeeper rund um den Globus, die mit Eifer an ihrem Schöpfungswerk arbeiten und stetig Neues erschaffen: Munich Mule, Istan Mule, London Mule, Mexican Mule, alles Nachkommen des Urvaters und Topsellers Moscow Mule.

Er geht ganz simpel: Nehmen Sie 5 cl Wodka und tränken Sie ihn mit Ginger Beer, der alkoholfreien, scharf-würzigen Ingwerlimonade. Anfang der 1940er-Jahre war Wodka aufgrund seines fehlenden Eigengeschmacks lange schlecht verkäuflich, bis man die Marketingidee ersann, den Moscow Mule in Kupferbechern zu servieren. Ein einzigartiges Geschmackserlebnis ergibt sich durch die Paarung mit dem »Grasbüffel«, wenn der Drink mit dem aromatisierten Grasovka zubereitet wird. Der Mule, so unverwechselbar wie die hybriden Huftiere.

ZUTATEN FÜR 1 MOSCOW MULE
5 cl Wodka
1 cl Limettensaft
12 cl Ginger Beer
Eiswürfel

GLAS
Kupfertasse/Longdrinkglas

GARNITUR
Limettenscheibe, Minzezweig

ZUBEREITUNG
Den Wodka und den Limettensaft auf Eiswürfel ins Glas oder in die Kupfertasse gießen und mit Ginger Beer auffüllen. Vorsichtig umrühren und mit der Limettenscheibe und dem Minzezweig garnieren.

63 NEGRONI

Der Negroni besteht aus den drei Zutaten Wermut, Campari und Gin, die zu gleichen Teilen gemischt werden. Ein Aperitif-Cocktail ideal für Genießer, die es gerne kräftig und nicht zu süß mögen. Benannt wurde der Drink nach dem Grafen Camillo Negroni, einem stadtbekannten Florentiner Spieler und Lebemann, der es verstand, das Leben in vollen Zügen zu genießen. Er wünschte eines schönen Tages im Caffé Casoni vom Barkeeper Fosco Scarselli etwas Stärkeres als den üblichen Americano. Statt Soda kam Gin in die Mischung, der Graf war begeistert und der Negroni gewann schnell große Popularität.

»Die Liköre sind gut für die Gesundheit, der Gin ist schlecht. Das gleicht sich aus«, meinte einst der Filmemacher Orson Welles.

Die Variante Negroni Sbagliato, völlig verkehrter Negroni, wurde von einem Mailänder Bartender »erfunden«, der versehentlich Prosecco statt Gin ins Glas goss.

ZUTATEN
3 cl roter Wermut
3 cl Campari
3 cl Gin
Eiswürfel

GLAS
Tumbler

GARNITUR
Orangenscheibe/Zitronenzeste

ZUBEREITUNG
Alle Zutaten in das mit Eiswürfeln gefüllte Glas geben, verrühren und mit der Orangescheibe oder der Zitronenzeste garnieren.

64 OLD CUBAN

Zu früh für einen Drink? Niemals. Was darf es heute sein? Kein Aperitif, kein Digestif – nein, mehr so etwas für zwischendurch. Der Starkoch Kolja Kleeberg hat für eine Reportage im Magazin Pearls der Henkell & Co.-Gruppe einen genussreichen Streifzug durch seine Wahlheimat Berlin gemacht. In der Galander Bar gab es als Einstieg einen ersten Cocktail. Die Empfehlung der Bartenderin Lu: Old Cuban. Kleeberg nickte. Lu mixte. Genuss pur. Rum, Limette, Minze, aufgefüllt mit prickelndem Champagner. Audrey Saunders, die Eigentümerin des New Yorker Pegu Club, kreierte den innovativen Champagner-Drink im Jahr 2002.
»Wann hatte ich früher schon mal die Zeit, mich abends durch meinen Kiez treiben zu lassen?«, sprach Kolja Kleeberg und fuhr beseelt weiter zur nächsten Location.

ZUTATEN

2 cl Limettensaft
3 cl Zuckersirup
6 Minzeblätter
5 cl Rum
2 Dashes Angosturabitter
6 cl gut gekühlter Champagner
Eiswürfel

GLAS

Cocktailschale

GARNITUR

Limettenscheibe/gezuckerte
 Vanilleschote/Minzezweig

ZUBEREITUNG

Den Limettensaft, den Sirup und die Minze in den Shaker geben. Die Minze mit einem Stößel (Muddler) leicht andrücken. Den Rum, den Bitter und Eiswürfel dazugeben und kräftig schütteln. Ins Glas abseihen, mit dem Champagner toppen und nach Belieben garnieren.

65 OLD FASHIONED

Whiskey und Zucker auf Eis mit Schmelzwasser und Cocktail Bitter – fertig ist ein echter Old Fashioned. So oder so ähnlich sahen die ersten Cocktails aus, die um 1800 getrunken wurden, soll heißen, seine Zutaten sind, wie der Name es sagt, altmodisch.
Doch Don Draper aus **Mad Men** hat den Old Fashioned wieder cool gemacht. In den edlen Büroräumen der New Yorker Madison Avenue trinkt der Kunden- und Frauenversteher gerne Whiskey pur, bei der Hochzeit seines Chefs in der Folge »My Old Kentucky Home« springt er über den Bartresen und mixt gekonnt für sich und den Hotelier Conrad Hilton einen Old Fashioned. Vor Ausstrahlung der Erfolgsserie war der Drink fast in Vergessenheit geraten, heute ist eine ganze Generation von Whiskey-Freunden wieder auf den Geschmack gekommen und der Old Fashioned findet sich aktuell auf allen Hit- und Toplisten auf Platz eins (direkt dahinter: Negroni und Manhattan).

ZUTATEN
1 Zuckerwürfel
2 Dashes Angosturabitter
1 Dash gekühltes Sodawasser
2 cl Bourbon Whiskey

GLAS
Old-Fashioned-Glas

GARNITUR
Orangenscheibe

ZUBEREITUNG
Den Zuckerwürfel ins Glas geben, mit Angosturabitter beträufeln, das Sodawasser dazugeben und den Zucker mit einem Stößel (Muddler) zerstoßen. Den Whiskey hinzufügen und den Drink mit der Orangenscheibe garnieren.

PIMM'S CUP

Der Pimm's Cup ist ein britischer Cocktail. Er wird bei den Wimbledon Championships, der Henley Royal Regatta auf der Themse, bei Poloturnieren und Gartenfestivals, eigentlich bei allen Veranstaltungen in England getrunken. Selbst beim Empfang zum Geburtstag der Queen wird Pimm's, die Marke mit der Krone im Logo, ausgeschenkt. 25 Prozent Alkoholgehalt hat der Kräuterlikör Pimm's No. 1, und aufgefüllt mit einem kohlensäurehaltigen Erfrischungsgetränk entsteht ein leichter Drink, der nur wenig mehr Alkohol enthält als ein Glas Bier, sorry, »a pint of beer«, also 568 Milliliter. Die Basis des Likörs ist Gin, hinzugefügt sind Kräuter und Gewürze, mehr über die genaue Zusammensetzung wissen angeblich nur sechs Personen. Erfunden hat ihn James Pimm im 19. Jahrhundert, der einen Vorläufer des heutigen Likörs in seiner Bar nahe des Buckingham Palace zu Austern reichte. Der Werbeslogan der Marke wurde zum geflügelten Wort: »It's Pimm's o'clock!«

ZUTATEN

je 1 Gurken-, Zitronen- und
    Orangenscheibe
15 cl Zitronenlimonade oder Ginger Ale
5 cl Pimm's No. 1
Eiswürfel

GLAS

Highballglas

GARNITUR

Minzezweig

ZUBEREITUNG

Die Gurken-, Zitronen- und Orangenscheibe ins Glas geben, mit Eiswürfeln auffüllen, die Limonade oder das Ginger Ale hinzufügen und mit Pimm's floaten. Vorsichtig umrühren und mit der Minze garnieren.

VARIANTE

Die Royals und andere Adlige greifen vermutlich zum Pimm's Royale mit Champagner statt Limonade.

PIÑA COLADA

Hören wir Piña Colada, denken wir an Urlaub, Sonne, Strand und Meer, und wer kennt nicht die Melodie des Piña-Colada-Songs »Oh-oh-oh-oh, Piña Colada, eisgekühlt im heißen Sand …« Der Cocktail-klassiker wurde 1978 in seiner Heimat Puerto Rico offiziell zum Nationalgetränk erhoben und eine Gedenktafel vor der Altstadtbar Barrachina in San Juan erinnert an den Ort, an dem die Piña Colada erfunden wurde. Angeblich, denn im Caribe Hilton Hotel behauptet man, den Drink spontan entwickelt zu haben, als für den Coco Loco die Kokosnüsse ausgingen und stattdessen reichlich frische Ananas zur Verfügung stand. Den Liebhabern des Cocktails dürfte es egal sein. Heute werden im Barrachina täglich über 2000 Piña Coladas an durstige Gäste, meist von Kreuzfahrtschiffen, ausgeschenkt. Karibisches Urlaubsfeeling auf Balkon und Terrasse sind zum Greifen nahe – nur noch kurz den Mixer befüllen oder wie der Profi den Shaker durch die Luft wirbeln.

ZUTATEN
6 cl weißer Rum
3 cl Kokossirup
2 cl Sahne
10 cl Ananassaft
Eiswürfel

GLAS
Hurricaneglas

GARNITUR
Ananasscheibe, Cocktailkirsche

ZUBEREITUNG
Alle Zutaten im Shaker auf Eis-würfeln kräftig schütteln oder im Mixer gut durchrühren. Ins Glas abseihen und mit der Ananas-scheibe und der Cocktailkirsche garnieren.

68 PISCO SOUR

Whiskey, Gin, Rum – fast alle Spirituosen eignen sich zum Mixen eines Sours, aber der südamerikanische Weinbrand Pisco hat eine Trendwelle ausgelöst, die ungebremst weiterrollt.

In Peru und Chile wird das Destillat seit 400 Jahren aus vergorenem Traubenmost erzeugt. Es sind acht verschiedene Rebsorten (darunter Muskateller und Malvasia), die zum Beispiel im Hinterland der Hafenstadt Pisco südlich von Lima angebaut werden – unten an der Küste bis zu 2000 Meter hinauf in die Anden. Allein in Peru gibt es mehr als 400 Marken. Dazu noch jene aus Chile.

Man braucht Limette, Zucker, geschlagenes Eiweiß und Bitter. Leider ist die in Peru verfügbare kleine, besonders saure Zitrone aus Chulucanas in Europa nicht erhältlich, wegen einer Fruchtfliege, die mit ihr verbreitet werden könnte. Nicht auszuhalten, wie erfolgreich Pisco Sour erst wäre, wenn man ihn mit der echten Zitrone mixen könnte.

ZUTATEN
5 cl Pisco
1 cl Limettensaft
1 cl Zuckersirup
2 cl Eiweiß
3 Tropfen Amargo de Angostura
Eiswürfel

GLAS
Old-Fashioned-Glas

GARNITUR
Limettenscheibe

ZUBEREITUNG
Alle Zutaten bis auf den Bitter (Amargo de Angostura) im Shaker auf Eiswürfeln schütteln, ins Glas abseihen, den Bitter auf die Schaumkrone geben und den Drink mit der Limettenscheibe garnieren.

69 PLANTER'S PUNCH

Der Planter's Punch ist ein klassischer Rum-Cocktail, der Ende des 19. Jahrhunderts zu einer Zeit weit vor der Erfindung der meisten heute bekannten Cocktails entstanden ist. Er entspricht der Urform eines frühen Mixgetränks, dem Punsch.

Ein Teil Saures, zwei Teile Süßes, drei Teile Starkes, vier Teile Schwaches in einer Punsch-Schüssel verrühren, das ist die Grundformel für jeden Punsch. Heute findet man den Planter's Punch häufiger als einzeln gemixten Drink. Die Herstellung ist einfach und der Cocktail gelingt eigentlich jedem. Mengendiskussionen gibt es immer wieder, auch bei den **Simpsons**, als der Nachbar Ned Flanders in der Folge »Der Krieg der Simpsons« seinen Flanders' Planter's Punch für Homer zubereitet. Homer: »Hey, Flanders, das nächste Mal können Sie 'n bisschen Alkohol reintun.«

ZUTATEN

5 cl brauner Rum
4 cl Orangensaft
4 cl Ananassaft
2 cl Zitronensaft
1 cl Grenadine
Eiswürfel

GLAS

Longdrinkglas

GARNITUR

Cocktailkirsche, Orangenscheibe

ZUBEREITUNG

Alle Zutaten im Shaker auf Eiswürfeln schütteln, dann ins Glas auf Eiswürfel abseihen. Mit der Kirsche und der Orangenscheibe garnieren.

70 PORTO FLIP

Porto, eine Stadt mit Blick aufs Meer, namengebend für das ganze Land, im wahrsten Sinne ein »portus cale«, ein ruhiger Hafen. Hier am Rande Europas, an der Mündung des Duero, wird der berühmte Wein Portugals, der Portwein, in die ganze Welt verschifft.
Nach dem amerikanischen Unabhängigkeitskrieg verlor der traditionelle Flip auf Basis von Rum an Popularität. Was für ein Glück, dass der süße und alkoholstarke Portwein lange Transporte genauso gut übersteht. Den Briten ist das zu verdanken, die auf die Idee kamen, die Gärung von Wein durch die Zugabe von Traubenbranntwein vorzeitig abzubrechen und ihn damit haltbarer zu machen. Für den Porto Flip wird bevorzugt der flaschengereifte Ruby Port verwendet, der eine etwas kräftigere rubinrote Farbe hat als der bernsteinfarbene fassgereifte Tawny Port. Je länger die Bodegas ihren Portwein lagern, umso heller wird seine Farbe. In Portugal sagt man: »Es gibt nicht den einen Moment für ein Glas Portwein, aber sicher gibt es einen passenden Port für jeden Moment.«

ZUTATEN
2 cl Brandy
5 cl Ruby Port
1 Eigelb
Eiswürfel

GLAS
Martiniglas

GARNITUR
geriebene Muskatnuss

ZUBEREITUNG
Alle Zutaten im Shaker auf Eiswürfeln kräftig schütteln, in das vorgekühlte Glas abseihen und etwas Muskatnuss darüberreiben.

71 PORTONIC

Wein muss nicht nur pur getrunken werden. Die bekanntesten Mix-getränke auf Weinbasis sind unbestritten Hugo und Aperol Spritz, aber es gibt noch viele andere kreative Mischungen, die es wert sind, einen Platz auf den Barkarten zu erhalten. Der Kultdrink aus Portugal ist der »Port-Tonic«, der in der Stadt Porto, im Epizentrum des Portweins, zum Auftakt eines Menüs oder allgemein zum Feiern serviert wird. Weißer Portwein und Tonic sind die Zutaten des leich-ten Sommergetränks. Genau das Richtige an heißen Tagen.
Die Master of Wine, Romana Echensperger, hat ihn zu einem ihrer absoluten Favoriten erklärt: »Ein Drink, der fruchtig-erfrischend, leicht bitter und nicht zu süß schmeckt. Herrlich!«

ZUTATEN
5 cl weißer Portwein extra dry
10 cl Tonic Water
Zitronenscheibe
Eiswürfel

GLAS
Tumbler

GARNITUR
Minzezweig

ZUBEREITUNG
Alle Zutaten mit Eiswürfeln in das Glas geben und umrühren. Mit der Minze garnieren.

72 ROB ROY

Rob Roy MacGregor war ein Viehdieb, der in Schottland sein Unwesen trieb, und sein Leben als »Robin Hood der Highlands« lieferte den Stoff für eine Operette, die 1894 in New York Premiere feierte. Dies war der Anlass für das elitäre Waldorf Astoria, nur vier Blocks vom Broadway entfernt, den Rob-Roy-Cocktail zu kreieren. Scotch Whisky, Wermut und Bitter sind die Zutaten für die Variation des klassischen Manhattan, die die rötliche Haarfarbe des Opernhelden imitieren wollte. Der Theaterkritiker Morehouse, der im Waldorf Astoria aufgewachsen ist, beschreibt die Zeit, als das Hotel noch der Lebensmittelpunkt der New Yorker Theaterwelt war: »Man nahm seinen Cocktail, dinierte und bewegte sich ins Theater. Und schließlich endete der Tag an der eichenholzgetäfelten Bar.«
Bis 2020 müssen Sie Ihren Rob Roy leider an einem weniger geschichtsträchtigen Ort trinken. Die legendäre New Yorker Nobelherberge wird von den neuen chinesischen Besitzern grundlegend umgebaut und ist vorübergehend geschlossen.

ZUTATEN
6 cl Scotch Whisky
2 cl roter Wermut
1 Dash Orange Bitter
Eiswürfel

GLAS
Martiniglas/Cocktailschale

GARNITUR
Cocktailkirsche/Orangenzeste

ZUBEREITUNG
Alle Zutaten im Barglas auf Eiswürfeln verrühren, durch den Strainer in das vorgekühlte Martiniglas abseihen und mit der Cocktailkirsche oder der Orangenzeste garnieren.

73 RUSTY NAIL

Bester Scotch-Cocktail aller Zeiten ist der Rusty Nail. Zwei Teile Whisky, ein Teil Drambuie: ein dynamisches Duo, dessen rauchig-würzige und süß-kräuterige Nuancen durch die reduzierte Rezeptur genügend Freiraum zur Geschmacksentfaltung haben. »An dram buidheach« (Ein Trank, der glücklich macht) – der gälische Spruch wurde zum Namen des Whiskylikörs Drambuie. Das flüssige Glück besteht aus Malt Whisky, Grain Whisky, verschiedenen Kräutern und Heidehonig aus den unberührten Highlands. Schotte? Die Zutaten rein schottisch, aber erfunden in den USA.

Einer modernen Sage nach wollten sich schottische Barkeeper an ungehobelten amerikanischen Kunden rächen und verwendeten zum Verrühren des Drinks einen rostigen Nagel. Es wäre übrigens nicht appetitlicher gewesen, wenn sie einen nagelneuen verwendet hätten, da Schmierfett als Korrosionsschutz aufgetragen wird. Die ganze Sache mit dem Nagel ist wohl nur entstanden, weil die Farbe des Cocktails eine leicht rostfarbene Einfärbung hat und mancher das rauchige, oft als streng empfundene Aroma mit einem rostigen Nagel assoziiert. Der Stoff, aus dem Legenden sind.

ZUTATEN
4 cl Scotch Whisky
2 cl Drambuie
Eiswürfel

GLAS
Tumbler/Old-Fashioned-Glas

GARNITUR
Zitronenzeste

ZUBEREITUNG
Die Zutaten im Glas auf Eiswürfeln verrühren und mit der Zitronenzeste garnieren.

74 SANGRIA

Unter spanischer Sonne am Strand oder abends in der Bar bei Gitarrenklängen und Flamencotanz, die Sangria ist für viele das Nationalgetränk Spaniens. Sie wird entweder in großen Cocktailgläsern für jeden einzeln serviert oder in einer Bowle und von dort in Gläser abgefüllt. Entscheidend ist, dass sie kalt getrunken wird, so ist sie enorm erfrischend.

Die Römer kamen um 200 v. Chr. nach Spanien und pflanzten auf der iberischen Halbinsel die ersten Weinstöcke, aus deren Trauben der Rotwein hergestellt wurde, den die Einheimischen zu Punsch verarbeiteten. Aufgrund der roten Farbe und vermutlich auch in Erinnerung an das Blutvergießen bei der Eroberung, nannte man das Weinmischgetränk Sangría, auf Deutsch »Aderlass«.

Zum Kult wurde der ganz besondere Saft, als er im mallorquinischen Strandlokal Balneario No 6 in rauen Mengen aus Eimern durch die Strohhalme floss. Alle Ballermänner bitte zum »Aderlass ins Heilbad Nr. 6«. Ein bisschen Schwund ist einkalkuliert.

ZUTATEN FÜR 2 COCKTAILS
30 cl kräftiger Rotwein
5 cl Triple Sec
2 cl Brandy
Saft von 3 Orangen
1 unbehandelte Orange
1 unbehandelte Zitrone
1 unbehandelte Limette
1 Zimtstange
Eiswürfel

GLAS
Longdrinkglas/Weinglas

GARNITUR
Zitronenscheibe

ZUBEREITUNG
Den Alkohol in eine Karaffe füllen, den Orangensaft durch ein Sieb dazugießen. Die Zitrusfrüchte in dünne Scheiben schneiden und zusammen mit der Zimtstange in die Karaffe geben. Zum Schluss Eiswürfel hinzufügen und die Bowle rund 30 Minuten kühlen lassen. Mit Zitronenscheibe garnieren und auf die Gläser verteilen.

VARIANTEN
Die Sangria Blanca, auch Clarea genannt, basiert auf Weißwein oder Cava. Die Zurracapote aus Rotwein und hellem Roséwein trinkt man in der Region La Rioja.

75 SAZERAC

Er ist eine Ikone der Barkultur, der bei Weitem älteste Drink, mancher nennt ihn gar den Urvater aller Cocktails: der Sazerac. Im französischen Viertel von New Orleans nahm alles seinen Anfang, als der Apotheker Peychaud den Verkauf seiner Bitters ankurbeln wollte und sie zur Verkostung anbot: mit Cognac gemischt, dargereicht im Eierbecher, auf Französisch »coquetier«. Dies verballhornten die Amerikaner zum Wort Cocktail.

Der Spirituosenhistoriker David Wondrich legt hier Widerspruch ein. Er kann (angeblich) belegen, dass der Begriff aus dem Pferderennsport übernommen wurde. Als Cocktail bezeichnete man ein Stück Ingwer, das man dem Pferd in den Hintern schob, wenn man es verkaufen wollte. Dies weckte die Lebensgeister und ließ den Schweif in die Höhe schnellen. Wondrichs Hypothese: Cocktail als Stimulanzmittel ist die ursprüngliche Bedeutung.

So oder so, in New Orleans, unweit der Apotheke Peychauds, fügte Leon Lamothe, der Barkeeper des Sazerac Coffee House, dem Cognac Sazerac noch Absinth hinzu und vollendete den berühmten Sazerac-Cocktail. Was gibt es Besseres, um auf Trab zu kommen?

ZUTATEN

2 Dashes Peychaud's Bitter oder
    Angosturabitter
1 Zuckerwürfel
6 cl Cognac oder Rye Whiskey
1 Dash Absinth oder Pastis
gekühltes Sodawasser

GLAS

Tumbler

GARNITUR

Zitronenzeste

ZUBEREITUNG

Den mit Peychaud's Bitter oder Angosturabitter getränkten Zuckerwürfel im Glas zerdrücken, die Spirituosen dazugeben und gut verrühren. Anschließend mit Sodawasser auffüllen und mit der Zitronenzeste garnieren.

76 SCREWDRIVER

Viel Orange und viel Wodka, das ist der Screwdriver. Er ist einer der einfachsten Cocktails unter der Sonne und erfreut mit seinem süß-würzigen Geschmack. Der erste wurde, so erzählt man, von einem amerikanischen Ingenieur »hergestellt«, der auf den Ölfeldern im Nahen Osten arbeitete und in Ermangelung eines Löffels einen Schraubenzieher zum Vermischen seines Wodkas mit dem Oran-gensaft benutzte. Dies nannte man »Yankee concoction« – Yankee-Gebräu.

Hierzulande ist der Screwdriver, als Wodka Orange oder einfach Wodka O bekannt, auf zahlreichen Getränkekarten zu finden und bevorzugte Wahl für Partygänger. Lemmy Kilmister, Frontmann der Band Motörhead, begründete den plötzlichen Wechsel von seinem Lieblingsgetränk Whisky Cola zu Wodka Orange: »Ich mag Oran-gensaft einfach lieber, Coca-Cola kann sich also verpissen.«

ZUTATEN
4 cl Wodka
10 cl Orangensaft
Eiswürfel

GLAS
Longdrinkglas

GARNITUR
Orangenscheibe

ZUBEREITUNG
Den Wodka und den Orangensaft auf Eiswürfeln im Glas verrühren und mit der Orangenscheibe garnieren.

77 SEX ON THE BEACH

Der Drink Sex on the Beach wurde in den 1980er-Jahren in Florida kreiert. Während der Urlaubssaison veranstaltete man zum Spring Break in Fort Lauderdale einen Wettbewerb, der zum Ziel hatte, das beste Mischgetränkerezept mit Pfirsichlikör zu küren. Gewinner war Ted Pizio, der seinen Drink nach den Partyurlaubern und ihren Vergnügungen benannte, schlicht zusammengefasst: Sex am Strand.

Nachdem die Spring-Breaker immer mehr Schäden verursachten und Fort Lauderdale sie nicht mehr beherbergen wollte, ist die Feiermeute an andere Strände der USA, Mexikos, Jamaikas sowie der Bahamas weitergezogen. Ein neuer Trend ist vor dem Verzehr von Speisen zu beobachten. Ein Tischgebet? Nein, Foodporn. Teil der Selbstdarstellung ist es, per Smartphone den Daheimgebliebenen den hippsten Burger ever zu präsentieren. Ob da noch Sex on the Beach bestellt wird? Beverageporn!

ZUTATEN

3 cl Wodka
3 cl Pfirsichlikör
6 cl Cranberrysaft
6 cl Orangensaft
Eiswürfel

GLAS

Longdrinkglas

GARNITUR

Zitronen-/Orangenscheibe

ZUBEREITUNG

Alle Zutaten im Shaker auf Eiswürfeln kräftig schütteln, ins Glas auf Eiswürfel abseihen und mit der Zitronen- oder Orangenscheibe garnieren.

78 SHIRLEY TEMPLE

Eine Hommage an die amerikanische Schauspielerin Shirley Jane Temple ist der erfrischende und heute wohl bekannteste alkoholfreie Cocktail: der Shirley Temple. Rund 40 Filme drehte das blond gelockte, pausbackige Mädchen in seiner Karriere als Kinderstar. Noch bevor Shirley in die Schule kam, wurde ihr 1934 ein Ehrenoscar verliehen. Als Neunjährige hatte sie ein höheres Jahreseinkommen als der Präsident von General Motors. Absoluter Luxus: ein Limonade-Brunnen in ihrem eigenen Bungalow am Drehort. Während eines Restaurantbesuchs trug es sich angeblich zu, dass ihre Eltern Old Fashioned und andere Cocktails tranken und Shirley partout ein ebenso interessantes Getränk einforderte. Das Ergebnis wurde selbstverständlich nach ihr benannt.
Der quietschrote Cocktail für die kleinen Gäste einer Cocktailparty! Und doch alles andere als Kinderkram!

ZUTATEN
8 cl Ginger Ale
8 cl Zitronenlimonade
2 cl Grenadine
Eiswürfel

GLAS
Longdrinkglas/Highballglas

GARNITUR
Zitronenzeste

ZUBEREITUNG
Das Ginger Ale und die Zitronenlimonade mit einigen Eiswürfeln ins Glas geben, dann die Grenadine vorsichtig hinzufügen. Den Cocktail mit der Zitronenzeste garnieren und mit einem Strohhalm servieren.

79 SIDECAR

Wer hat's erfunden? – War es der Schotte Harry MacElhone, der den Sidecar das erste Mal in seiner Harry's New York Bar in Paris mixte? Oder ist der Urheber des Drinks der Bartender Pat MacGarry des Londoner Buck's Club? Die Geburtsstunde muss zwischen 1918 und 1922 liegen, der Schauplatz muss in Europa gewesen sein. Aber ob London oder Paris? Und erst die Frage nach der Inspiration für die Namengebung: Diente der Beiwagen eines Motorrads, der Sidecar, als Schlafplatz für Betrunkene vor einem Lokal oder rauschte einer durch das Fenster in Harry's Bar?

Und dann kommt Dale DeGroff, »King Cocktail«, um die Ecke und verblüfft mit einer profanen Lösung des Namenrätsels: »Wenn ein Bartender die Mengen falsch einschätzt, den Drink abseiht und noch etwas im Shaker übrig bleibt, kippt er den Rest in ein Shotglas, dieses nennt man ‚Sidecar'.«

Es bleibt dabei: Im Sidecar, dem Beiwagen eines Motorrads, zum Cocktailschlürfen chauffiert zu werden, wäre stilecht!

ZUTATEN

4 cl Cognac
2 cl Triple Sec
2 cl Zitronensaft
Eiswürfel

GLAS

Martiniglas

GARNITUR

Zitronen-/Orangenscheibe

ZUBEREITUNG

Alle Zutaten im Shaker auf Eiswürfeln schütteln, in das vorgekühlte Martiniglas abseihen und mit der Zitronen- oder Orangenscheibe garnieren.
Wer es ein bisschen verspielter wünscht, kann den Glasrand im Vorfeld mit einem dünnen Zuckerrand versehen.

80 SINGAPORE SLING

Zigarrerauchend und cocktailtrinkend verbrachten Schriftsteller und
Dichter ihre Abende in Singapur in der Long Bar. Hinter dem Tresen
der chinesische Barkeeper Ngiam Tong Boon, der 1915 Unsterblichkeit erlangte, weil er den Cocktail Singapore Sling erfand. Alles nur
wenige Schritte vom legendären Raffles Hotel entfernt. Das südost-
asiatische Fünf-Sterne-Haus, 1887 gegründet, führt den Sling bis
heute als Aushängeschild, verwahrt auch Ngiams Rezeptbücher und
eine hastig notierte Zutatenliste, die sich ein Gast diktieren ließ: Gin,
Cherry Brandy, Triple Sec und Dom Bénédictine.
Den Singapore Sling kennt man in den internationalen Bars rund
um den Globus, aber nur in der distinguiert englischen Jahrhundert-
wende-Atmosphäre der legendären Writer's Bar des Raffles, mit
Blick in die gleißend weiße Hotellobby, erlaubt ihm der Granat-
apfelsirup Grenadine ein Leuchten in prächtigstem Rot.

ZUTATEN

3 cl Gin
1,5 cl Cherry Brandy
1 cl Triple Sec
1 cl Dom Bénédictine
1 cl Grenadine
12 cl Ananassaft
1 cl Limettensaft
1 Dash Angosturabitter
Eiswürfel

GLAS

Highballglas

GARNITUR

Cocktailkirsche

ZUBEREITUNG

Alle Zutaten im Shaker auf Eiswürfeln kräftig schütteln, ins Glas abseihen und
mit der Cocktailkirsche garnieren.

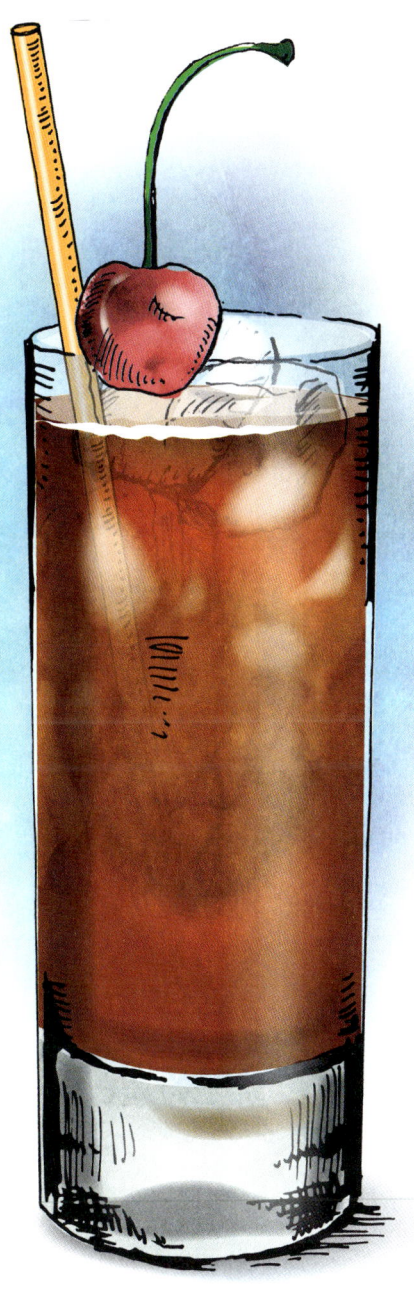

81 SPRING SNOW

Japanische Barkeeper hatten es lange vermieden, Sake in klassischen Cocktails zu verwenden. Da Reiswein einen niedrigeren Alkoholgehalt hat als destillierte Spirituosen wie beispielsweise der japanische Whisky, werden die subtilen Aromen leicht von der Wucht der anderen Zutaten überwältigt. »Es ist eine Herausforderung, einen Drink zu kreieren, der den Charakter des Sake durchscheinen lässt«, sagt Toshiro Kobayashi. Er hat sich in der Sake Hall Hibiya Bar in Tokio weltweit als Erster auf Sake-Cocktails spezialisiert. Das Thema des Spring Snow ist das Frühlingserwachen, der schmelzende Schnee, das Aufplatzen der Pflanzenknospen und die erste Ernte des Jahres der zarten, jungen Grünteeblätter.
Die Abstimmung der Süße des Sake mit dem Bitteren des Gins und dem deutlichen Geschmack von Grünteelikör ist fabelhaft gelungen.

ZUTATEN
3 cl Sake
2 cl Gin
1 cl Grünteelikör
1 TL Zitronensaft
Eiswürfel

GLAS
Martiniglas

GARNITUR
keine

ZUBEREITUNG
Alle Zutaten im Shaker auf Eiswürfeln vorsichtig schütteln, dann ins Glas abseihen.

82 STINGER

Haftete dem Cognac ehedem der Ruf eines Altherrengetränks an, wird er inzwischen nicht mehr nur von Aristokraten oder Industriellen getrunken. Asiatische Geschäftsleute und junge Rapper sind die neuen Fans des französischen Weinbrands. Mancher trinkt ihn ausschließlich pur, fügt man aber Minzlikör hinzu, erhält man einen Drink wie Medizin, klärend und erfrischend zugleich: den Stinger. Seit 1890 ein Getränk der Upperclass mit gewissem kulturellem Einfluss. Bing Crosby erklärte Grace Kelly den Namen im Hollywood-Klassiker **High Society** von 1956 zweideutig: »It's a Stinger. It removes the sting.« (Ein Stinger entfernt den Stachel.)
Die Wirkung des Cocktails ist der eines Stachels ähnlich, aber auch weich und samtig wie bei einem jungen Igel. Gewiss reizt er die Geschmackssinne, jedoch ohne unangenehm die Nerven zu strapazieren. Die Kombination von Cognac und Minze ist bestechend.

ZUTATEN
3 cl Cognac
3 cl Crème de Menthe Blanche
Eiswürfel

GLAS
Tumbler

GARNITUR
Minzezweig

ZUBEREITUNG
Einige Eiswürfel ins Glas geben, die Zutaten darübergießen und den Drink mit dem Minzezweig garnieren.

83 SUMERISCHER GROG

Der amerikanische Chemiker Patrick McGovern beschäftigt sich mit molekularer Archäologie und fand bei der Analyse zahlreicher historischer Gefäße Reste von alkoholischen Getränken. Die Geschichte menschlicher Trinkgewohnheiten ist eng verbunden mit der Geschichte der alkoholischen Gärung. In Tonkrügen aus den Zagros-Bergen im Norden des Irans entdeckte er rund 7000 Jahre alte Spuren von Wein. Die Rückstände von Weinsäure, Bernsteinsäure und Zitronensäure zeigten, dass die Trauben fermentiert und nicht bloß als Traubensaft aufbewahrt worden sind. Ein Getreidemix aus Gerste, Hiobsperle, Kolbenhirse, Rispenhirse, Kürbis und Lilie in großen Keramikgefäßen in der Provinz Shaanxi in Nordchina weist auf eine 5000 Jahre alte Bierproduktion hin. Im September 2005 stieß der Wissenschaftler auf einen weiteren sensationellen Fund: ein 5000 Jahre altes mesopotamisches Steingutgefäß am Ufer des Tigris zwischen dem Iran und dem Irak mit Spuren von Weinsäure, Honig, Apfelsaft und Gerste. McGovern ist überzeugt, dass es die Sumerer waren, die den ersten Cocktail getrunken haben – einen »Grog«. Wie könnte wohl das Mischverhältnis ausgesehen haben? Da müssten die Wissenschaftler noch einmal genauer nachsehen. Klar ist, der Grog, das Getränk der Wikinger und der Friesen, hat Geschichte geschrieben. Gerne auch bei Erkältung.

ZUTATEN FÜR 1 GROG
1 TL Kandiszucker
10 cl kochendes Wasser
12 cl Rum

GLAS
hitzebeständiges Glas

GARNITUR
keine

ZUBEREITUNG
Den Kandiszucker ins Glas geben, das kochende Wasser hinzufügen und gut umrühren. Dann den Rum dazugeben.

84 SUNDOWNER

Der Sundowner erfüllt den Wunsch nach einem wohltuenden Gläschen bei Sonnenuntergang und ist so britisch wie die Tea Time pünktlich um fünf Uhr nachmittags. Die Tradition des British Empire hatte einen ernsthaften Hintergrund. Zur Malariaabwehr würzte man Tonic mit übel schmeckendem Chinin. Um diese bittere Note zu überdecken, wurde der Tonic mit einem großzügigen Schuss Gin gemischt. In der Tat eine feine Lösung und die Geburt des klassischen Sundowner-Drinks.

Am Waikiki Beach von Honolulu auf Hawaii ist die im Meer versinkende Sonne ein besonders herausragendes Spektakel und Tiki-Bartender Jeff »Beachbum« Berry inspirierte dies zu einem Drink, der das Ereignis sogar im Namen trägt. Sein Sundowner ist ein hell leuchtender, erfrischender Zitruscocktail, die Limette definitiv dominant, ergänzt durch Aromen von Weinbrand, Eiche, Kräutern und Anis.

Verdoppeln Sie das Rezept – Sonnenuntergänge genießt man doch gerne zu zweit und Tee gibt's, wenn die Sonne wieder aufgeht.

ZUTATEN
4 cl Cognac
1,5 cl Triple Sec
1,5 cl Galliano
3 cl Limettensaft
Eiswürfel

GLAS
Tumbler/Martiniglas

GARNITUR
Zitronenzeste/-scheibe

ZUBEREITUNG
Alle Zutaten im Shaker auf Eiswürfeln schütteln, ins vorgekühlte Glas auf Eiswürfel abseihen und mit der Zitronenzeste oder -scheibe garnieren.

85 SWIMMING POOL

Im Jahr 1979 erfand Charles Schumann die Colada-Variante Swimming Pool, noch bevor er das legendäre Schumann's in München eröffnete. Zu einer Zeit, als Cocktails wegen ihrer Farbe ausgewählt wurden: »Der ist blau, der gefällt mir, also trinke ich ihn.« So sei er entstanden, dieser »unsägliche« Swimming Pool, kommentiert Schumann lässig. Von manchem als »Sahne-Monster« beschimpft, findet sich der Swimming Pool nach wie vor auf den Karten vieler Bars. Die Kombination aus Kokos und Ananas ist eben einfach ein Klassiker. Ein azurblaues Kleid, perfekt präsentiert, lacht einen aus dem Schaufenster förmlich an. Und ein guter Drink muss »so serviert werden, dass er einen anlacht«. Vom Meister persönlich serviert, trifft das sicher auch auf den blauen Drink zu.

ZUTATEN

2 cl weißer Rum
2 cl Wodka
6 cl Ananassaft
2 cl Kokosnusscreme
2 cl Sahne
1 cl Blue Curaçao
Eiswürfel
zerstoßenes Eis

GLAS

Hurricaneglas

GARNITUR

Ananasscheibe

ZUBEREITUNG

Alle Zutaten bis auf den Curaçao im Shaker auf Eiswürfeln kräftig schütteln, dann in das mit zerstoßenem Eis gefüllte Glas abseihen. Den Curaçao über einen Barlöffel langsam floaten und den Cocktail mit der Ananas garnieren.

86 TEQUILA SUNRISE

Der Tequila Sunrise erinnert durch das Vermischen der Grenadine mit dem Orangensaft in Stimmung und Optik an die Farbschattierungen der aufgehenden Sonne – ein echter Hingucker.

Im Jahr 1972 spülten die Rolling Stones zum ersten Mal ihre durstigen Kehlen mit dem köstlichen Cocktail. Sofort war klar: Den kann man durchaus in rauen Mengen trinken – was sie dann gerne taten. Die Konzerttournee dieses Jahres wurde bekannt unter dem Namen »Kokain and Tequila Sunrise Tour«. Die Band bestellte ihn an jedem erdenklichen Tresen in Nordamerika, bis auch der letzte Barkeeper den Schwung draufhatte. Der Import von Tequila schoss in davor ungeahnte Höhen.

Wird der Drink mit Rum gemixt, gibt es einen Carribean Sunrise. Ein angenehmer Rausch, in dessen Folge und Verlauf man das Hotelzimmer ruhig heil lassen kann.

ZUTATEN
6 cl Tequila
10 cl Orangensaft
1 cl Grenadine
Eiswürfel

GLAS
Longdrinkglas

GARNITUR
Orangenscheibe, Cocktailkirsche

ZUBEREITUNG
Einige Eiswürfel ins Glas geben, mit Tequila und Orangensaft auffüllen und umrühren. Die Grenadine langsam darüberfließen lassen, sodass sie sich am Boden des Glases sammelt. Mit Orangenscheibe und Cocktailkirsche garnieren.
Mit einem Strohhalm servieren, damit man beim Rühren des Cocktails seinen persönlichen »Sonnenaufgang« erlebt.

87 TI PUNCH

Im 18. Jahrhundert begann man in den französischen Kolonien mit der Produktion von Rhum Agricole. Am Anfang steht bei jeder Rumproduktion das Zuckerrohr, aber 95 Prozent des Rums werden aus der lagerfähigen Melasse gefertigt, eine Rarität ist dagegen das Destillat, das aus frischem Zuckerrohrsaft hergestellt wird.
Das Nationalgetränk von Martinique besteht aus diesem speziellen Rum, verfeinert mit Limetten und Zucker, und ist karibisch gut – der Ti Punch, der »kleine Punsch«. Klein, aber oho. Er ist der ideale Drink vor, zum und nach dem Abendessen und bei jeder Feier: »Er bringt die Freunde zusammen, versöhnt die Feinde, stärkt die Schwachen und macht die Ängstlichen mutig!« Die Insel der Kleinen Antillen wurde von Christoph Kolumbus entdeckt und gehört als Übersee-Département bis dato zu Frankreich und damit zur EU.
Nicht unüblich ist es, dem Gast lediglich die Zutaten des Getränks zu reichen, auf dass dieser selber tätig werde: »Chacun prépare sa propre mort!« – Jeder kann seinen Tod selber zubereiten!

ZUTATEN
1 unbehandelte Limette
2 Barlöffel Zucker
5 cl Rhum Agricole

GLAS
Tumbler

GARNITUR
keine

ZUBEREITUNG
Die geviertelte Limette und den Zucker ins Glas geben und mit einem Stößel (Muddler) andrücken. Den Rhum Agricole hinzufügen und umrühren.
Der Ti Punch wird ohne Soda gemixt und mit Raumtemperatur gereicht, nicht auf Eis!

88 TOM AND JERRY

Der Tom and Jerry ist ein sehr gehaltvoller Winterdrink, welcher zur Kategorie Eierpunsch zählt. Traditionell wird er in den USA um Weihnachten herum getrunken und ist dort so beliebt und bekannt wie hierzulande der Glühwein. Sein Name leitet sich von einem 1820 geschriebenen humoristischen Buch über das Großstadtleben ab mit dem Titel: **Life in London: Or, The Day and Night Scenes of JERRY Hawthorn, Esq., and His Elegant Friend Corinthian TOM.** Der Stoff wurde für die Bühne adaptiert und der Drink diente als PR-Gag, um die Theater zu füllen. Der amerikanische Bartender Jerry Thomas hat das Rezept dann aufgegriffen und es in den Vereinigten Staaten berühmt gemacht.

Aus Zucker, Eiern und Rum wird eine Art Grundsubstanz mit teigartiger Konsistenz erzeugt, à la minute mit Brandy und heißer Milch aufgegossen und mit Gewürzen abgeschmeckt. Es steckt mehr Arbeit in diesem Cocktail als in manch anderem und er wird bei uns (noch) kaum getrunken. Schade, sorgt doch der Tom and Jerry mit enormer Verlässlichkeit für ausgelassene Stimmung, selbst auf den langweiligsten Familienfesten. Ein Versuch lohnt sich.

ZUTATEN

1 Ei
1 TL Puderzucker
3 cl dunkler Rum
3 cl Brandy
etwa 1 Tasse heiße Milch

GLAS

hitzebeständiges Glas oder Tasse

GARNITUR

Zimt, Gewürznelke, Muskatnuss, Piment

ZUBEREITUNG

Das Ei trennen. Das Eiweiß steif schlagen, das Eigelb mit dem Puderzucker und ein wenig Rum verrühren. Eischnee und Eigelbmasse vermischen, in das hitzebeständige Glas oder in die Tasse geben und mit dem Brandy und dem restlichen Rum verrühren. Unter ständigem Rühren mit heißer Milch aufgießen und nach Geschmack mit den gemahlenen Gewürzen bestreuen.

89 TOM COLLINS

Wenn die Tage länger und wärmer werden, ist der richtige Zeitpunkt gekommen für diesen kühlen Longdrink. Der amerikanische Bartender-Urvater Jerry Thomas erwähnte den ehrwürdigen Tom Collins 1876 erstmals in seinem **Bartender's Guide – How to mix Drinks.** Bemerkenswert ist die Tatsache, dass es ein ziemlich frühes Beispiel für einen prickelnden Cocktail ist. Ein einfacher Drink – im Grunde kohlensäurehaltige Limonade mit Schuss –, für den eigens ein langes Longdrinkglas, das Collinsglas, erfunden wurde.
Die anfängliche Verwendung von Old Tom Gin, der im Vergleich zu anderen Ginsorten gesüßt ist, könnte die Namensgebung des Tom Collins erklären. Er ist der bekannteste Collins, aber es gibt ein ganzes Dutzend weitere. Die kubanische Version nennt sich Ron statt Tom und enthält Rum statt Gin, außerdem gibt es Pedro, Pierre, Pepito, Pisco, Captain, Colonel, Mike, Sandy, Jack, Joe, John!

ZUTATEN
4 cl Gin
2 cl Zitronensaft
1 cl Zuckersirup
gekühltes Sodawasser
Eiswürfel

GLAS
Collinsglas

GARNITUR
Zitronenscheibe

ZUBEREITUNG
Den Gin, den Zitronensaft und den Sirup im Glas auf Eiswürfeln verrühren. Mit Sodawasser auffüllen und mit der Zitronenscheibe garnieren.

90 TOUCHDOWN

Beim Namen Touchdown denkt man an die Landung eines Flug-
zeugs oder an American Football, in beiden Fällen findet eine
Bodenberührung statt. Klingt nach »unter den Tisch trinken«? Der
fruchtig-süße Cocktail hat es wahrlich in sich. Durch den hohen
Maracujasaftanteil und die Grenadine kommt eine milde Süße ins
Glas, der Zitronensaft sorgt für eine angenehme Frische und die
Dosierung der Wodkabasis entscheidet dann über sanftes Aufsetzen
oder Bruchlandung. Wie beim Tequila Sunrise kann man für einen
schönen Farbverlauf nach der Art eines Sonnenaufgangs sorgen,
indem man die Grenadine erst als Letztes vorsichtig ins Glas gibt.
Für Partycocktails geht man weniger filigran vor: Alle Zutaten fla-
schen- und glasweise in einen Kanister geben, einmal durchshaken
und der Cocktail ist bereit zum Zapfen.

ZUTATEN

5 cl Wodka
2 cl Zitronensaft
6 cl Maracujasaft
1 cl Grenadine
2 Dashes Apricot Brandy
Eiswürfel
zerstoßenes Eis

GLAS

Longdrinkglas

GARNITUR

Orangenscheibe, Cocktailkirsche

ZUBEREITUNG

Alle Zutaten im Shaker auf Eiswürfeln schütteln, ins Glas auf zerstoßenes Eis
abseihen und mit Orangenscheibe und Cocktailkirsche dekorieren.

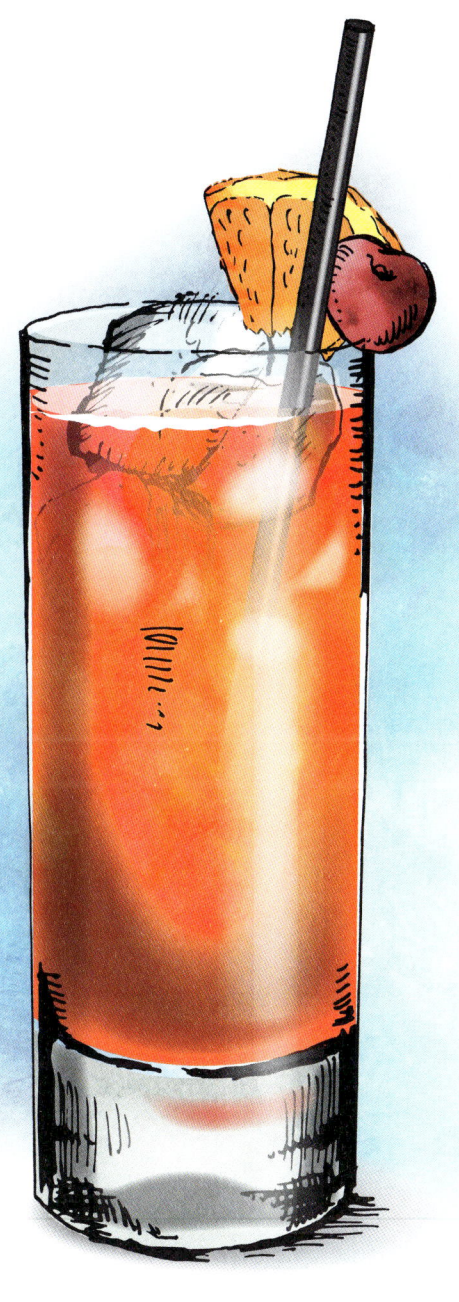

91 TREMBLEMENT DE TERRE

Der Absinth-Cocktail Tremblement de Terre, auch Earthquake genannt, wird als Kreation des französischen Malers und Bohemiens Henri Toulouse-Lautrec angesehen.

Zuerst im Schweizer Val de Travers als Heiltonikum gebraut, wurde Absinth im 19. Jahrhundert im Pariser Nachtleben um den Montmartre und Place Pigalle sehr populär. Wermutkraut, Anis und Fenchel sind die Zutaten des teuflischen Getränks. Künstler wie Lautrec, van Gogh und Degas fanden im Rausch der »Grünen Fee« die Inspiration zu ihren Meisterwerken.

Der Tremblement de Terre, der aus Absinth, Cognac und Cointreau besteht, bringt die Bedeutung seines Namens zur vollen Wirkung, man sagt, er löse ein Erdbeben im Verkoster aus. Das Savoy-Cocktailbuch fügt dem hinzu: »Wenn es ein Erdbeben gibt, während du ihn trinkst, ist es egal, du wirst es nicht einmal bemerken.« Nichts für schwache Nerven!

ZUTATEN
2 cl Absinth
2 cl Cognac
2 cl Cointreau
1 Dash Angosturabitter
Eiswürfel

GLAS
Martiniglas/Tumbler

GARNITUR
keine

ZUBEREITUNG
Alle Zutaten im Barglas mit Eiswürfeln kalt rühren, dann durch den Strainer ins Martiniglas abseihen.

92 TUXEDO

Sherry-Cocktails gehören zum guten Ton einer Bar. Schon in kleinen Mengen verleiht der geschmacksintensive aufgespritete Südwein Drinks ihren unverwechselbaren Charakter. Der Tuxedo-Cocktail ist eine knochentrockene, kraftvolle Mischung aus Gin und Sherry, die bereits im späten 19. Jahrhundert sehr populär war, eine Abwandlung des klassischen Martini.

Die New York Times ließ verlauten: »Tuxedos are back in style. You'll spot them all over New York.« – Der Smoking ist zurück. Man sieht ihn überall in New York. Natürlich war nicht die Abendgarderobe, sondern der gleichnamige Cocktail gemeint. Es gibt keinen Dresscode für die Hotelbar, wenn man diesen Cocktail verkosten möchte. Außer vielleicht, wenn wir vom legendären Waldorf Astoria sprechen, in dem der Klassiker kreiert wurde. Noblesse oblige.

ZUTATEN
6 cl Gin
3 cl Fino Sherry
1 Dash Orange Bitter
Eiswürfel

GLAS
Martiniglas

GARNITUR
Zitronenzeste

ZUBEREITUNG
Alle Zutaten im Barglas auf Eiswürfeln verrühren, dann durch den Strainer ins Martiniglas abseihen und mit der Zitronenzeste garnieren.

93 VANCOUVER

Jedes Kind braucht einen Namen, und so gibt es eine Reihe von Cocktails, die nach der Stadt benannt sind, in der sie das Licht der Welt erblickten. Die Geschichte des Vancouver reicht zurück in die 1950er-Jahre, als das Sylvia Hotel in einmaliger Lage an der English Bay eröffnete, nach eigenem Bekunden mit der ersten legalen Cocktailbar der Stadt. Auf der Eröffnungskarte der Sylvia Bar stand dieser »Abkömmling« des Martinez. Ein Drink mit dem süßlich-kräuterigen Geschmack des Bénédictine, der die Hauptkomponenten Gin und Wermut formvollendet.

Weit westlich, nahe der Pazifikküste gelegen, hat Vancouver die strengsten Alkoholgesetze und die teuersten Spirituosenpreise des Landes, doch dem zum Trotz gilt die Stadt heute als Heimat des aktuellen kanadischen Cocktailbooms. Im Gegensatz zu Old Europe neigt man in der New World dazu, Altes zu entfernen. Jahrzehnte fast vollständig von den Cocktailkarten verschwunden, wurde der Vancouver mit dem neuen Aufschwung wieder zutage gefördert. Charakteristisch für den Wandel ist es, zu aktualisieren und an die neuen Gegebenheiten anzupassen. Es wäre schade, wenn nichts alt genug werden dürfte, um irgendwann als historisch zu gelten. Der Vancouver hat es jedenfalls geschafft – zum kanadischen Klassiker.

ZUTATEN

5 cl Gin
2 cl Wermut
1 Barlöffel Dom Bénédictine
1 Dash Orange Bitter
Eiswürfel

GLAS

Martiniglas

GARNITUR

Zitronenzeste

ZUBEREITUNG

Alle Zutaten im Barglas auf Eiswürfeln kalt rühren, dann durch den Strainer ins vorgekühlte Martiniglas abseihen und mit der Zitronenzeste garnieren.

94 VOCKTAIL

Wasser in Wein zu verwandeln, den Trick hat seit 2000 Jahren keiner mehr hinbekommen. Aber in Singapur starteten Wissenschaftler einen ähnlichen Versuch und tatsächlich: Wasser verwandelt sich im Glas zum Cocktail.

Wie funktioniert es? Ein speziell gefertigtes Martiniglas ermöglicht das interaktive Getränk, trickst die Wahrnehmung und die Geschmacksknospen aus. Die Glasinnenseite enthält die erforderliche Elektronik, einschließlich Duftpatronen und Mikroluftpumpen, im Glasboden befinden sich die »Geruchskammern«, aus denen die Aromen innerhalb nur einer Sekunde durch das Glas aufsteigen. LED-Lichter geben dem Drink die gewünschte Farbe und zwei Elektroden am Glasrand sorgen für den salzigen, bitteren oder süßen Geschmack. Der Vocktail ist mit einer App ausgestattet, mit der die Drinks individuell angepasst werden können. Geschmacksexperimente sind in alle Richtungen möglich: »Stellen Sie sich vor, Sie möchten einen Mojito mit einem Hauch Schokoladen- oder Erdbeeraroma probieren, oder Sie denken, Ihr Drink könnte etwas saurer sein? Der Vocktail behebt das Problem sekundenschnell«, sagt Nimesha Ranasinghe von der National University of Singapore. Selbstverständlich können Sie Ihren Lieblingsvocktail mit Ihren Freunden teilen oder ihn für das nächste Mal in der App speichern.

Vorerst ist der virtuelle Cocktail nicht im Handel erhältlich, doch die Wissenschaftler hoffen, dass sie ihn bald auf den Tresen stellen können. Das nächste »big thing« in der Bargeschichte – goodbye Cocktails, hello Vocktails!

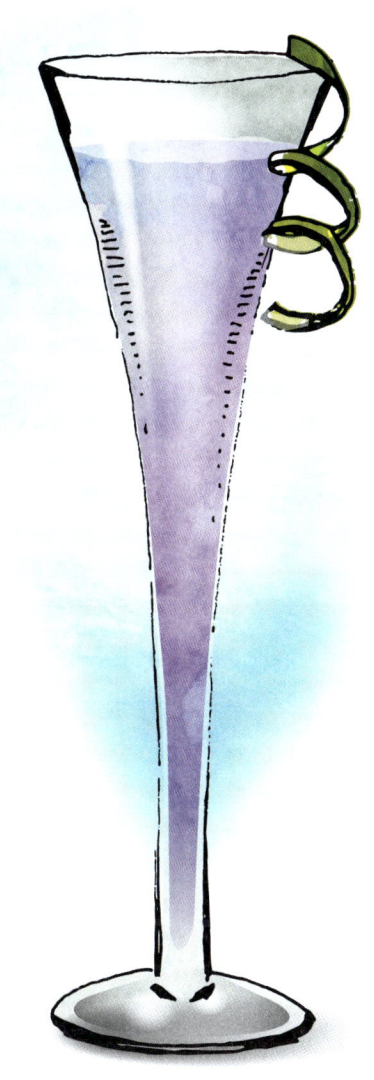

95 WESTWORLD COBBLER

Der Saloon war die wichtigste Einrichtung eines jeden noch so kleinen Ortes im Wilden Westen. Dort trafen sich hartgesottene Cowboys, Goldgräber und Outlaws zum Pokerspiel und tranken in rauen Mengen Bier und Whiskey pur. Inspiriert von der Science-Fiction-Western-Serie **Westworld,** die die Pionierzeit mit Planwagen und Lagerfeuer wiederauferstehen lässt, kleidet Michael Toscano, Barkeeper im altehrwürdigen Dante in New York City, in seiner Cobbler-Version den Whiskey ebenfalls in ein neues, raffiniertes Gewand. Der Cobbler (auf Deutsch »Schuhflicker«) besteht traditionell aus Sherry, Frucht und jeder Menge Eis. Alles andere als zusammengeschustert ist Toscanos Westworld Cobbler aus Sherry und Scotch Whisky mit insgesamt rauchiger Zitrusnote. In der namengebenden HBO-Serie ist es möglich, in einem gigantisch großen futuristischen Vergnügungspark mithilfe von Hosts – als menschenähnliche Roboter – Geschichten des Wilden Westens in alternativer Realität zu erfahren. Künstliche Intelligenz für Fortgeschrittene, Banküberfälle und Prostitution inbegriffen. Auf dass so wilde Freuden mit diesem Drink kein wildes Ende nehmen.

ZUTATEN

3 cl Scotch Whisky
2 cl Sherry Amontillado
1 cl Mandelsirup
1 cl Orange Curaçao
1 cl Maraschinolikör
1 Dash Zitronensaft
2 Dashes Bitter
    (z. B. Bittercube Cherry Bark Vanilla)
1 Barlöffel Orangenmarmelade
etwas abgeriebene Zitronenschale
Eiswürfel
zerstoßenes Eis

GLAS

Highballglas/Longdrinkglas

GARNITUR

Orangenscheibe, Minzezweig,
    Zimtstange, einige saisonale Beeren

ZUBEREITUNG

Alle Zutaten im Shaker auf Eiswürfeln kräftig schütteln, dann ins Glas auf zerstoßenes Eis abseihen. Mit der Orangenscheibe, dem Minzezweig, der Zimtstange und einigen Beeren garnieren.

96 WHISKEY COLA

Rock 'n' Roll steht für Rebellion und Hedonismus, dafür, das Beste aus dem einen Leben zu machen. Und für Alkohol, viel Alkohol. Da spricht einiges für ein Mixgetränk, das man schnell zusammenschütten kann.

»Mir schmeckt das einfach gut, so wie Brause. Betrunken werd' ich schon lange nicht mehr«, so »Motörhead«-Sänger Lemmy Kilmister – R.I.P.

Für viele ein Frevel, ein Sakrileg, ein Sichvergehen am Whisky. Aber jetzt habt euch mal nicht so, wo doch Whisky-Mixgetränke zu den meist georderten Drinks in den Kneipen all around the world gehören. Darunter eine ganze Reihe von zeitlosen Klassikern: Old Fashioned, Whiskey Sour und Manhattan.

Jedem seine Jacky-Cola. Oder fortan sein »Lemmy«. Auch fertig aus der Dose. Praktisch eben. Und Hauptsache ohne Grünzeugs.

ZUTATEN
2 cl Bourbon Whiskey
6 cl Cola
Eiswürfel

GLAS
Tumbler

GARNITUR
keine

ZUBEREITUNG
Den Whiskey und die Cola im Glas kurz verrühren und einige Eiswürfel dazugeben.

97 WHITE LADY

Der elegante Cocktail White Lady sieht einladend und harmlos aus, aber der erste Eindruck kann täuschen. Mittlerweile rund 100 Jahre alt, wurde der zur Gruppe der Sours zählende Drink von niemand Geringerem als Harry MacElhone in der legendären Harry's New York Bar in Paris kreiert und war ein Renner in den Goldenen Zwanzigern. Die Zugabe von Triple Sec und Eiweiß hat sich erst im Laufe der Jahre entwickelt. Dadurch hinterlässt der subtile Gin-Drink nun ein geschmeidiges, samtiges Gefühl am Gaumen.

Seinen Namen gab dem Cocktail die ominöse Frauengestalt, über die seit Jahrhunderten in Literatur, Musik und Volkslegenden als eine Art weißgewandeter Geist berichtet wird, der die Menschen heimgesucht haben soll. Liebhaber von etwas sauren und starken Drinks kommen in mystischen Nächten mit der »weißen Dame« der Cocktailwelt voll auf ihre Kosten.

ZUTATEN
4 cl Gin
2 cl Triple Sec
2 cl Zitronensaft
2 cl Eiweiß
Eiswürfel

GLAS
Cocktailschale

GARNITUR
Zitronenscheibe

ZUBEREITUNG
Zuerst alle Zutaten im Shaker ohne Eis kräftig schütteln, dann Eiswürfel hinzufügen und erneut schütteln. Ins vorgekühlte Glas abseihen und mit der Zitronenscheibe garnieren.

98 WHITE RUSSIAN

Viele Kinohelden haben ihr eigenes Lieblingsgetränk, so auch der Kultcharakter in der schwarzen Komödie **The Big Lebowski** der Coen-Brüder. Der Dude trinkt gerne Milch mit Kaffeelikör und Wodka, den White Russian, im Verlauf des Films immerhin acht bis neun davon. Beim Binge Watching, dem »Komaglotzen«, ist dieses kalorienreiche Getränk, das problemlos eine Mahlzeit ersetzt, das Mittel der Wahl. Ohne Strohhalm direkt aus dem Glas genossen, vermischen sich die Zutaten erst im Mund und es entfaltet sich die volle cremige, leicht süßliche und herbe Note des Drinks. Geschmacklich erinnert der White Russian an einen Eiskaffee – wird er wie dieser getrunken, kommt vielleicht die Idee auf, wir wären cool genug, morgens im Bademantel zur Arbeit zu gehen.
Der Clou, mit dem aus einem guten der beste White Russian aller Zeiten wird, ist leicht aufgeschlagene Sahne. Lässt man die Sahne weg, hat man einen Black Russian. Logisch.

ZUTATEN
6 cl Wodka
3 cl Kaffeelikör
3 cl Sahne
Eiswürfel

GLAS
Tumbler

GARNITUR
keine

ZUBEREITUNG
Den Wodka und den Kaffeelikör auf Eiswürfel ins Glas geben und kurz verrühren. Dann die leicht aufgeschlagene Sahne vorsichtig floaten.

99 WINSTON

Die Top-Luxusklasse: Der aktuell teuerste Cocktail der Welt ist
laut Eintrag im Guinessbuch der Rekorde der Winston Cocktail für
8000 Euro. Joel Heffernan hatte ihn im Club 23 des Crown Casinos
in Melbourne im Jahr 2013 kreiert. Die exklusiven Zutaten waren
ein Mix aus Croizet Cuvée Leonie Cognac von 1858, Chartreuse
Vieillissement Exceptionnellement Prolongé, Grand Marnier Quintes-
sence und etwas Angosturabitter. Die Garnitur aus Schokolade, Muskatnuss, Mohn- und Rosenessenz und ein wenig Kokosnuss rundete
das Ganze als besonders aufwendige Beigabe ab.
Wurde eine Flasche Croizet Cuvée Leonie Cognac von 1858 bei
einer Auktion in Shanghai noch für umgerechnet etwa 115 000
Euro verkauft, erzielte im Jahr 2016 eine Flasche Massougnes
Cognac aus dem Jahre 1801 einen Verkaufspreis von etwa
250 000 Euro. Der höchste Preis, der bis dato für eine Flasche
Cognac gezahlt wurde.

100 ZOMBIE

Ein Cocktailrezept mit drei Arten von Rum? Man könnte auf die Idee kommen, dieser Materialeinsatz sei zu viel des Guten. Der Ansicht war ein Freund des Barbesitzers Donn Beach ebenfalls, der nach dem Genuss gleich dreier Exemplare meinte, er fühle sich wie ein Untoter. So ward der Fantasiedrink getauft. Der Name spricht für sich, einer der stärksten Cocktails aller Zeiten. Selbst Donns eigene Bartender kannten die Rezeptur nicht, sondern wussten nur eine Formel, die sich auf nummerierte mysteriöse Flaschen bezog, aus denen es zu mischen galt.

Inzwischen suchen uns die Wiedergänger als Vampire und Zombies massenhaft in Film und Fernsehen made in Hollywood heim. In Amsterdam ließ man sich davon zu einer Variante des klassischen Zombie inspirieren: The Walking Dead wird in einem Totenkopfglas serviert, natürlich mit Blutorange! Fehlt nur noch der Jon-Snow-Cocktail. Weckt Tote auf.

ZUTATEN

4 cl brauner Rum
4 cl weißer Rum
2 cl hochprozentiger Rum
   (über 70 Vol.-%)
2 cl Triple Sec
2 cl Grenadine
4 cl Ananassaft
4 cl Orangensaft
2 cl Zitronensaft
Eiswürfel

GLAS

Collinsglas/Highballglas

GARNITUR

Ananasstück, Minzezweig

ZUBEREITUNG

Alle Zutaten im Shaker auf Eiswürfeln kräftig schütteln, ins Glas abseihen und mit der Ananas und dem Minzezweig garnieren.

IMPRESSUM

Produktmanagement: Viktoria Szeibel
Umschlaggestaltung, Layout und Satz: Helen Garner, München
Texte: Regina Wiesmaier, außer S. 10, 42, 60, 96 und innere Klappen
Textredaktion: Monika Judä
Korrektur: Franziska Sorgenfrei
Repro: LUDWIG:media, Zell am See
Herstellung: Barbara Uhlig
Printed in Italy by Printer Trento

Bildnachweis
Alle Illustrationen in diesem Buch stammen von Daniel Ruf.

Quellenhinweise
Deutsche Barkeeper-Union (DBU), www.dbuev.de
Difford's Guide for discerning drinkers, www.diffordsguide.com
International Bartenders Association (IBA), www.iba-world.com
www.mixology.eu

**Sind Sie mit diesem Titel zufrieden? Dann würden wir uns über Ihre
Weiterempfehlung freuen.**
Erzählen Sie es im Freundeskreis, berichten Sie Ihrem Buchhändler oder bewerten Sie
bei Onlinekauf. Und wenn Sie Kritik, Korrekturen, Aktualisierungen haben, freuen wir uns
über Ihre Nachricht an: Christian Verlag, Postfach 40 02 09, D-80702 München
oder per E-Mail an lektorat@verlagshaus.de

Unser komplettes Programm finden Sie unter:

Die Deutsche Nationalbibliothek verzeichnet diese Publikation in der Deutschen National-
bibliografie; detaillierte bibliografische Daten sind im Internet über http://dnb.d-nb.de
abrufbar.